亀井昭陽と亀井塾

河村敬一
Kawamura Keiichi

花乱社

装丁　前原正広

亀井昭陽像（能古博物館蔵）

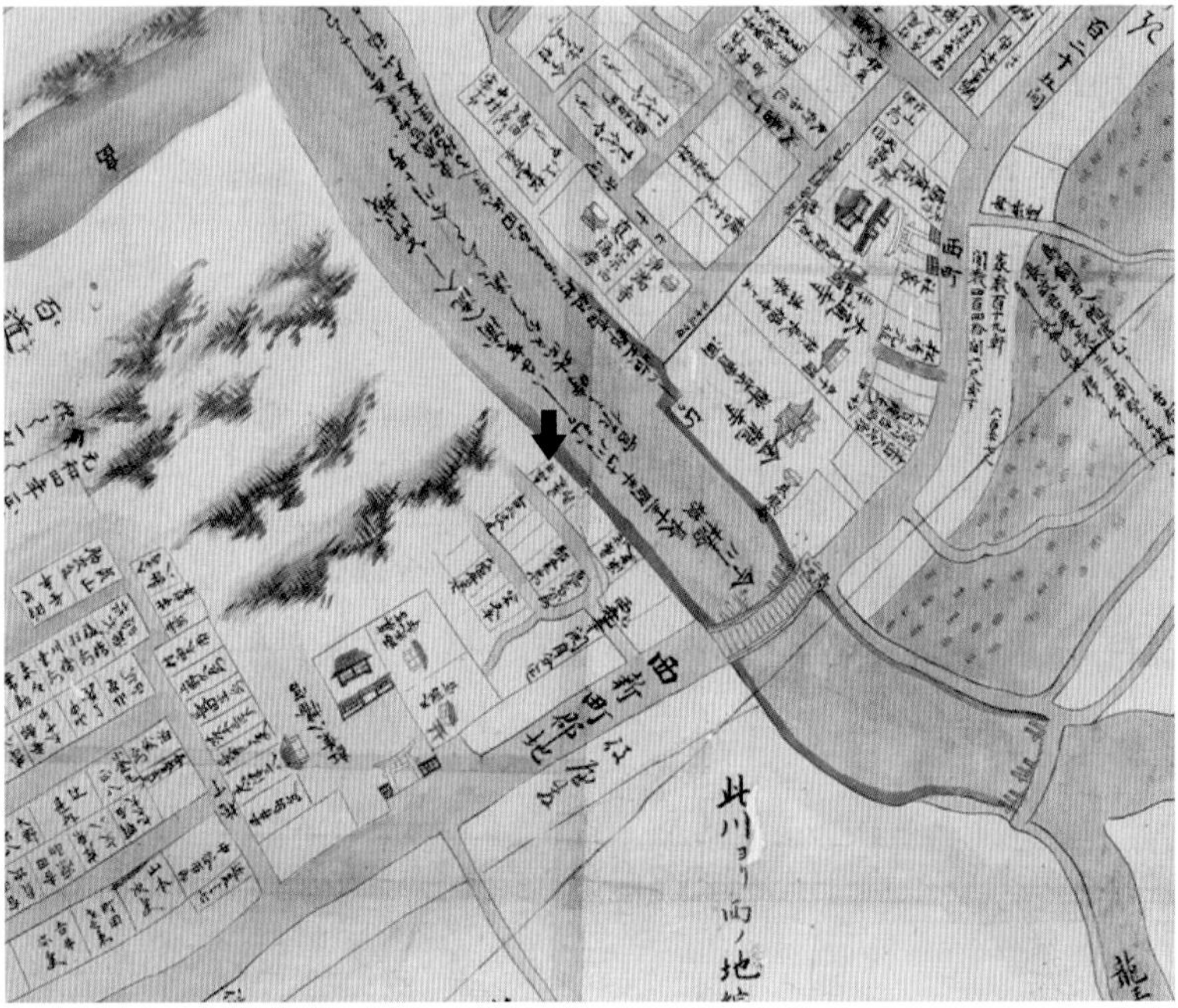

「福岡城下町・博多・近隣古図」（部分，九大コレクション／九州大学附属図書館）に「亀井昱太郎」邸（⬇）が記されている

はしがき

小著は、前著『亀井南冥小伝』（二〇一三年、花乱社）の続編に当たると言ってよいもので、亀井南冥の長子昭陽《しょうよう》（一七七三～一八三六）について生涯と学問及び亀井塾を中心とした内容をまとめたものにすぎない。前著と重複する箇所もあるが、亀井父子について触れた内容であるため、どうしても避けて通ることができなかったからである。

前著を刊行して以来、かなりの時間が経過したが、その理由は、一つには、昭陽自身の文章を読もうとしてもそのほとんどが漢文で、しかも難しい漢字ばかりで、とても歯が立たない著作であったことにある。二つには、南冥ほどに研究された文献が少なかったとともに、文献探索に時間が要したことである。三つには、この間に他にやらなければならないものができたことである。特に、大学での授業で使用するテキストの作成や高校の教材関係を中心に執筆時間が必要だったからである。しかしながら、少しずつではあるが、ノートにまとめていきながら、何とかここまで来ることができた。

もちろん、これは言い訳に過ぎないだろうが、ようやくまとめたもののこれで満足しているわけではない。今後も、時間をかけていき、続けていかなければならないと思っている。

さて、昭陽についてであるが、詳細は本文に任せるとしても、どのような人物であったのか、若干述べさせてもらいたい。というのも、古本市でたまたま見つけた書籍に、南冥の記述と同時に、昭陽の記述を見出すことができたからである。それは、巻末の引用・参照文献にも示した内藤燦聚著『近世大儒列伝 下巻』（博文館、一八九三年）であり、昭陽の説明が南冥の後に簡潔に記されている（引用に当たり漢字は新字体に改め、カタカナはひらがなに書き直した）。その一節に次のようにある。

（略）長は昱字は元鳳、空石と号し、一に天山又昭陽と号す、父の蔭を以て儒員に列し、父罪を獲るに及ひ、坐して職を罷め、且つ儒業を禁せられ、烽台の吏と為る、其職閑散なるを以て、益力を経史百家に肆にし、博綜淹通《えんつう》（学問があり広く物事に通じる――引用者注）古文辞を善くするを以て顕はる、嘗て江戸より還て大阪を過き、中井積徳を訪う、積徳曰く、足下は道載氏の子か、与に語るべしと、乃ち酒を命して対酌す、酒酣にして横巻を披き以て示す、日大樹の上に出てゝ、一人其下に坐するの画あり、問て曰く、解するや否や、昱応へて曰く、得さるなり、積徳笑て之を収む、既にして辞し去て舟に入り、潜に画意を思い、遂に悟て曰く、大樹は所謂扶桑木なり、日其上に出るは則ち日本なり、其下に坐する者は履軒なり、蓋し日本唯我一人の意なりと、郷に帰る後朋友を見る毎に具に之を誦し、且つ言ふ幸に斯人を見て怱々辞し去り、経義を質問せさる深く憾むへきとなりと、文政二年致仕し、天保七年五月十七日歿す、年六十四（略）

ここに登場している人物の中井積徳（一七三二〜一八一七）は、本文にも記しているが、読んでいくと履軒とあるので中井履軒のことである。履軒は大坂の庶民に開かれた教育機関である懐徳堂の人である。懐徳堂では五代目の学頭であった人で、昭陽が江戸から帰国する際に会ったという。このことは、おそらく一八〇七〔文化四〕年の二月末か三月初旬のことと思われる。年代がはっきりと記されていないので、詳しいことは分からない。

なお、広瀬淡窓が『儒林評』で、履軒と昭陽の出会いについて、「履軒は一家の学にて、竹山〔中井竹山、一七三〇〜一八〇四、懐徳堂四代学頭〕とは異なりと見えたり。経義は極て精しかりとなり。隠君子にして、世人と交らず、然れども豪男なる気象なり。亀昭陽東游して帰られし時、予に語て曰はく、東遊中両才子を見たり。頼子成、韓聯玉なり。豪傑二人を見る。中井履軒、村上太和なりと」と述べている。

これは一例として読んでいただければよいが、いずれにしても若干昭陽の人柄に触れた思いである。彼の生涯は父南冥の蟄居以後、激変していき、烽火台での勤務もあり、決して閑居な生活ではなく、学問研究との関連で言えば多忙ではなかったろうか。また、学問に没頭することが、彼自身にとっての大切な営みであったとさえ言えるのではないだろうか。まさに、昭陽が交流した多くの人物をみると、父南冥と同様に重要だと言えよう。甘棠館《かんとうかん》以後の教育活動も大変な運営ではなかっただろうか。これらのことを思うと、彼の学問がどのように展開し、どのように変化していったのかなどもう少し探究していかなければならないのである。

ここに一応のまとめとするものの、明日への準備としたい。

なお、小著は巻末に記した引用・参照文献をもとに叙述させていただいた。参照・引用ページなどを記していない失礼の段、ご寛恕をお願いしたい。記して感謝するしだいである。

文献引用について

一　できるだけ分かりやすさを目指すために、広瀬淡窓らカタカナ交じりの文章については、ひらがなに変更し、旧漢字は新漢字に改めた。淡窓が「南溟」としているのは、すべて「南冥」に変更した。

二　原典からの引用に際して、淡窓の著作は句点のみなので、適宜、句読点に改め、濁点・半濁点についてはそのままとした。昭陽なども同様の扱い方をした。

三　さらに、古文独特の文字についても現代的な仮名遣いに変更した。写本で分からない文字などについては、文意から解釈した。

四　昭陽の著作は多数あり、刊行されたものには『』を、未刊のものには「」を付した。

五　昭陽の文章はほとんどが漢文であるため、読み違いがある点についてはご寛恕をお願いしたい。引用・参考文献からの引用であっても、できるだけ原文との比較参照を行った。

亀井昭陽と亀井塾❖目次

はしがき　5
文献引用について　9

Ⅰ　亀井昭陽の生涯　略年表風に

一・一――昭陽と亀井の五亀について……18
一・二――昭陽年譜考……23

Ⅱ　昭陽の人柄と学問

二・一――南冥との違いとその人柄……64
二・二――学問観……68

III　著作をめぐって

三・一――原典資料文献から…… 74
三・一・一　『肥後物語』について…… 74
三・一・二　『菅公略伝』について…… 75
三・二――『読弁道』の内容…… 81
三・二・一　荻生徂徠の略伝…… 81
三・二・二　徂徠学の概要…… 83
三・二・三　徂徠の思想と『読弁道』…… 87
三・三――『家学小言』に見る学問…… 94
三・四――和文の「防海微言」…… 101

Ⅳ　亀井塾で学んだ人々

四・一――学問所から私塾へ……116
四・二――私塾の始まり……120
四・三――亀井塾に列なる人々……126
細井金吾／稲村三伯／青木興勝／原　古処／伊藤常足／清水龍門
高場　乱

引用・参照文献　137

あとがき　141

亀井昭陽と亀井塾

I

亀井昭陽の生涯

略年表風に

一・一――昭陽と亀井の五亀について

亀井南冥（一七四三～一八一四）は、福岡藩を代表する儒学者として江戸中期から後期において活躍しながらも、不遇とも言える最期を迎えた人物である。

学問は、儒学だけでなく、医学にも精通していた（儒医兼帯）。江戸時代の我が国では、藩内に藩校が二校あるのは稀だとされた中で、藩校としての甘棠館を開設したのが南冥である（もう一方の藩校がほぼ同時に開校された修猷館《しゅうゆうかん》であり、ともに一七八四〔天明四〕年である）。南冥の学問の系統は、荻生徂徠（一六六六～一七二八）の流れである徂徠学（蘐園《けんえん》学派）、つまり古文辞学を提唱する立場であった。

南冥の長子昭陽（一七七三～一八三六）は、南冥同様に幅広い学識を備え、父よりも多くの著作を残している（著述のほとんどは漢文で難解なものが多い）。父同様に我が国を代表する学者や文人など数多くの人々と交流を果たした。しかも甘棠館が閉校となったにもかかわらず、学問の火を消すことなく、私塾としての亀井塾を守り育て、昭陽が亡くなった後の明治以降もその学風は途切れることなく、受け継がれていった。

そこで、まずは彼の生涯を亀井家の年表とも言える『万暦家内年鑑』などを中心に年表風に辿りながら見ていくことにしよう。また、他に若干の補足を加えながら、さらにはその周辺についても述べることで、昭陽の姿を垣間見ていきたい。彼の学問に対する探究心とも言えるものが伝わってくるものと思う。

さて、亀井家については、「五亀画賛」という掛け軸に見られるように、五匹の亀が寄り添って話し合いをしているような絵がある。南冥を筆頭にして南冥の弟曇栄《どんえい》、長子昭陽、昭陽より一つ年下の次男大壮《だいそう》（後に雲来）、祖父聴因《ちょういん》の故宅で医業を継いだ三男大年《だいねん》、この五人が亀井五亀といわれる人びとである。ただ、末子《ばっし》の大年は、南冥に先立つ二年前に三十六歳で亡くなっている。しかし、昭陽の次男で亀井家を継いでいるのが暘洲《ようしゅう》であるので、亀井の五亀は存続するのである。

広瀬淡窓（一七八二～一八五六）は、次のように昭陽を説明している（『儒林評』）。淡窓による記述は、『懐旧楼筆記』にも見られるが必要に応じて引用しておきたい。

南冥の男三人。長子昱、字は元鳳、月窟と号す。又空石と号す。又昭陽と号す。又天山遯者と号す。父の業を嗣いで儒となる。歿する年六十四。次男昇、字は大壮、雲来と号す、医となる。詩を善くせり、歿する年五十一。三男萬、字は大年、天地房と号す、医

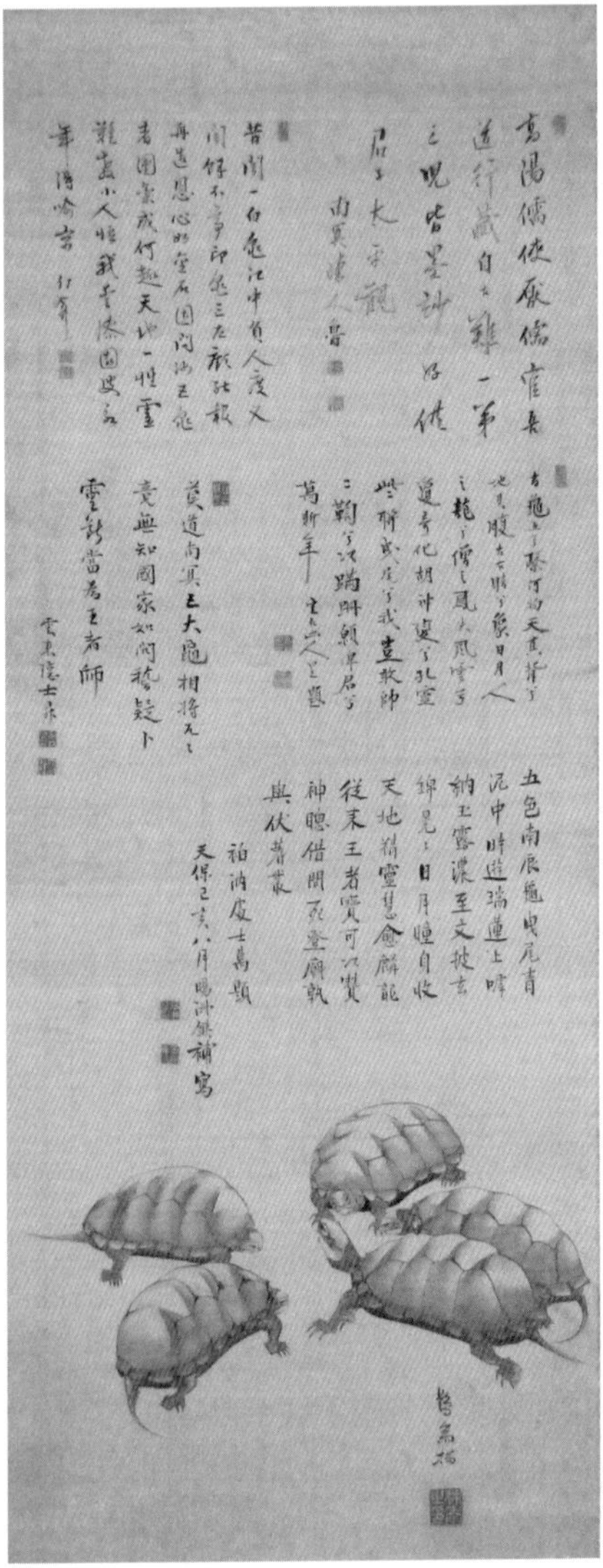

「五亀画賛」（能古博物館蔵）

となる。亦詩を善くせり、殁する年三十六。南冥弟あり。禅僧となる。名は宗曄、字は曇栄、崇福寺の長老となる。詩及び書を善くす。世人南冥兄弟並に三子を拚せて、之を五亀と称す。

右に出ている大壮、大年、曇栄について淡窓の記述をそれぞれ紹介しておきたい。まずは、『儒林評』からである。

大壮、大年。皆磊落の奇才にして、東野、金華の風に似たり。若之を都会の地に置きたらば、名を天下に伝ふべきものなるに、已に其地を得ず。亦時を得ず。名誉ありと雖も、遠きに及ぶこと能はず。惜いかな。
曇栄は僧大典の弟子なり。其詩、亀井一派の風に類せず。中晩唐の風を学びて、清新の趣あり。此人も其名其実に及ばず。惜むべし。

ここに登場する安藤東野《とうや》（一六八三〜一七一九）と平野金華《きんか》（一六八八〜一七三二）は、いずれも荻生徂徠の学派の人物である。安藤東野は、徂徠の最初期の門人で、古文辞学を広められたのはこの人物の活躍があったからだとされる。平野金華は、詩才を認められながらも経学の面で徂徠の継承を目指した。

『懐旧楼筆記』の記述には、次のようにある。

大壮は、兄弟の中に於て、其性度頗る寛裕なり。初僧となつて、叔父曇栄の弟子たりしか、其意を失ひ還俗したり。是に因つて、叔姪終身不通なり。其才学医術、大年に遜れり。是人予に於て極て親し。其甘木にあるとき、予往来に付き、屢投宿せり。後年予病有るに及んて、又来り問へり。其後に出せり。大年は英気尤も圧し。天性簡傲にして、礼節に堪へす。十九歳の時より、姪の浜に別居し、医を事とし、専ら商賈屠博の徒と交はれり。士大夫を見ることを悦はす。常に曰く、我袴を着たる者を喜はす、是と同席すること能はすと。曇栄禅師は、予筑に在る中、数行きて訪ひたり。其詩文は大典禅師に本つきたる故、亀井の家風と不同、人物も、出家なる故、穏に見えたり。然れとも、英気ある人なり。故に世に不能容して、退院に及ひしなり。後年崇福寺の住持月海師の為に冤を訴へ、追つて退院の罪を除かれしとそ。此人南冥先生と、兄弟の情甚厚し。昭陽も亦相親し。

それぞれの人柄の一部が分かる内容となっている。

亀井家の存続とその後の活動に関しては後述するが、学問的業績はあまり知られていない。しかしながら、亀井学が昭陽へと受け継がれていき、ある一定の学問分野を形成していったことには間違いない。ただ、学問云々というよりも、おそらく亀井家の人々とその交流とともに、教育活動が多くの人々を魅了したものと考えられる。だからこそ亀井塾が存続したのであり、亀井家の学問が継承されたと言えるのである。

南冥に始まり、その長子昭陽に受け継がれた教育活動があって初めて、その存続の意味があると思われる。

その一端について昭陽を中心に見ていくことにしたい。

一・二――昭陽年譜考

亀井昭陽（一七七三年八月十一日～一八三六年五月十七日）は、祖父聴因七十歳・祖母六十歳、父南冥三十一歳・母二十六歳の時の誕生である。

名は昱、字は元鳳、通称は昱太郎、号は月窟といい、後に空石、昭陽、天山の諸号があり、さらには幽人と自称した。

淡窓は『儒林評』で、性情、学風、著述なども述べているし、『懐旧楼筆記』でも度々昭陽に触れているが、それらについては関連した箇所で引用しておきたい。

○一七八五（天明五）年　十三歳
父南冥に同行して、秋月藩主黒田長舒《ながのぶ》（朝陽）に謁見。

○一七八七（天明七）年　十五歳
「范増韓信優劣弁」の文章により人を驚かす。

○一七八九（寛政元）年　十七歳
二畳敷居室を「月窟」と号して、「書経」二巻を撰述する。
『尚書考』の執筆に取りかかったと考えられる。

○一七九〇（寛政二）年　十八歳

塾生の長となる（門下生六、七十人）。「詩経考」十巻を撰する。

十月十二日、祖母の徳が亡くなる。また、十一月十一日、父南冥を支えていた藩の家老であった久野外記が亡くなっている。

○一七九一（寛政三）年　十九歳

三月二十六日、西山拙斎《せっさい》（一七三五～九九）を尋ね東遊する。その後、徳山の島田藍泉《らんせん》（一七五一～一八〇九）に学び（十数日の滞在）、六月には帰宅。父南冥は藍泉宛に昱太郎の学問が大いに進んだことを謝する詩を贈っている。

「月窟謾草」（一巻）を作り、『成国治要』（三巻）が成る。

西山拙斎について淡窓は、次のように述べている。

西山拙斎の人となりは、委しく知らず。栗山（柴野栗山《りつざん》、一七三六～一八〇七、朱子学派だが有職《ゆうそく》故実にも通じ、朱子学の官学化を勧める）と親しかりし人なり。程朱を厚く信じたり。篤実の君子なるべし。亀南冥、嘗て其師独嘯庵が子永富充国が、放蕩にして教に従はざるを憂へて、之を西山に托せられしに、西山善く之を教育して、規矩《きく》（規準、手本）に従はしめたり。南冥其事に感じて、後に昭陽をして行いて見えしめられしに、旅行にて遇わず。其後亀井父子より書信を通したれとも、答書なかりしとぞ。（『儒林評』）

西山拙斎は、備中国鴨方藩《かもがた》（現岡山県浅口市）に生まれ、大坂に遊学し、医学を古林見宜《けんぎ》に、儒学を岡白駒《はっく》（一六九二～一七六七）に学び、後に那波魯堂《なば》（一七二七～八九）に学んだとのこと。那波は伊藤仁斎や荻生徂徠を批判したとのことである。

○一七九二（寛政四）年　二十歳

家督を相続する。西学（西学問所甘棠館）の訓導として十五人扶持を与えられる。なお、甘棠館の祭酒（館長）が交替し、南冥の高弟である江上苓州（一七五八～一八二〇）となる。ただし、学生数は激減した。

この年の七月十一日、南冥（五十歳）は蟄居謹慎処分となり、終生禁足を命じられ、独楽園にこもり医業のみに専念することになったため、諸生は離散し、残った塾生はわずかになっている。なお、南冥と小石元俊（一七四三～一八〇八、蘭学普及に努め人体解剖の絵巻を残している）は親しい仲であったため、昭陽もまた元俊との交流があったのであろう。翌年の書簡と思われるものに、次のような一節を見ることができる。「父は旅人書通をも不仕境界ゆへ此の節も不定隻字《せきじ》（一つの文字・文句）候」とするようなことが認められている（寛政五年頃の書簡とされ、四月十一日とある）。

また、原古処宛の書簡においても南冥への慰めとして、福岡藩の支藩である秋月藩の家老である宮崎織部（本書131ページ）が酒饌を用意して幽居の身である南冥のところに慰めに来た、とある。

八月二十五日、「月窟謾草」（二巻）を作し、「字例述志」を成す。

○一七九五（寛政七）年　二十三歳

十二月十五日、早船姓（五島屋）伊智と結婚する。

「日記」（三巻）、「箴言」（二巻）、「内訓」（一巻）、「荀子校」（二巻）、「管子校」（一巻）を撰している。

○一七九六（寛政八）年　二十四歳

この年は、千秋翁（祖父の聴因）の十七回忌に当たる。

八月、藤左仲に伴われ、昭陽より九歳年下の広瀬淡窓（十五歳）と面会する。そのことを淡窓は次のように語っている。

秋八月。筑前に遊ひ、亀井先生父子に謁見せんとす。藤左仲先導たり。発程の日、筑前林田内山玄斐か家に行きて宿す。是は佐谷龍山か兄なり。其翌秋月に至り、龍山か家に宿す。龍山か養父を養安と云ふ。秋月の官医なり。秋月に止まること数日、原震平、吉田左膳と相見す。震平字は士萌、古処山人と号す。詩は能くす。時に南冥門下第一の詩人と称す。左膳は太夫の一族なり。名は章、字は煥之。城下より十丁程も離れて、楽只亭と云ふ亭あり。一日彼処に会せり。時に八月十四日なり。

（『懐旧楼筆記』）

さて、なぜこのような経緯となっているのか、少しばかり説明しておくと、南冥は謹慎中であるため、当然に面会はできないのであり、淡窓を「筑前の人」とし、名前を変更して面会に臨んだのである。ここに引用した淡窓の説明では、南冥五十五歳の時の一七九七（寛政九）年のことである。

○一七九七（寛政九）年　二十五歳

七月五日、淡窓が正式に入門する（一七九七～九九年）。この間の内容については、淡窓自身が述べているのでそれを見ることにしよう（『懐旧楼筆記』）。

亀井先生の門に入れり。初め予教授の事を始めしこと、自ら人の師となるに足れりとするには非ず。童幼無知の輩を導きて、少しく文義に通せしめ、小成の後は、筑に至りて、先生の門に入らしむること、これ素願なり。師家にも、兼てよりその旨通達せり。

この年、「月窟沙筆」（二巻）が成る。この書については、南冥と交流し、昭陽も面識のある島田藍泉宛の書簡（一七九八年）で「旧年も月窟沙筆と申書二冊撰書仕り候」とある。また、この年から「礼記」の講義をし、その後は「周易」、「尚書」、「孟子」等々を講義したのである。この易については、昭陽の日々に影響している面がある。後年にまとめられる『家学小言』にその一端が窺える。

○一七九八（寛政十）年　二十六歳

一月十九日、唐人町（現福岡市中央区唐人町）の火災により甘棠館及び亀井家の建造物が類焼してしまう。このことにより昭陽は父と交流のある島田藍泉に、「然は朔之暁近里失火に而猛風猛炎、家室一物も不残焼失。父五十年之蓄、小子生来之蓄書一物の不残。尤父之文稿十巻は出し申候。（略）同志之諸君へ被仰談、御救助可被成下候様に鉄面を以奉願候」（昭陽から藍泉宛、寛政十年二月四日書簡）という手紙を送っている。またこの火災後には、淡窓も日田から馳せ参じている。さらに、「今般敝家類焼により金七拾四両、他方より金百両借用仕候」（昭陽から竹下十之助宛、寛政十二年六月十日書簡）から分かるようにかなりの額を借り受けている（なお、竹下十之助は筑後亀王村の大庄屋である）。南冥の両親は、大年が医業を営んでいる姪浜の忘機亭に身を寄せ、昭陽自身は妻の実家である早船氏の土蔵に仮寓している。父の南冥は蟄居となり、江上苓州が教授となり、昭陽は山口主計（昭陽の妹婿）・後藤主税とともに訓導として三人の中の一人となる。

二月十八日、長女の友（少琹《しょうきん》）が誕生。

六月には、西学問所甘棠館の再建が不許可となり、廃校となってしまう。昭陽はじめ江上苓州は儒官（儒業職）が停止されて、すべて平士となる。昭陽は、城代組平士に編入されることになる。平士身分になったことから、平士としての役をこなしていきながら学問を続けていかなければならなくなる。

この六月の状況については、小石元俊宛の書簡に次のような一節が見られる。「扨今般之火烈ニて甘棠館類焼仕候処、六月十六日儒員輩政府ニ被呼出、西学再建無之、儒員平士ニ被加候。（略）姪浜之方ニ皆〻引移居申候。（略）西学門人東学へ入門有之候様ニ命御座候へとも、人情心服不仕候」（寛政十年八月二十四日、小石元俊宛書簡）と述べている。やや憤りのある文章になっていると感じる。

○一七九九（寛政十一）年　二十七歳

唐人町の罹災跡に住居を新築する。

淡窓は昨年より姪浜で学んでいたが、この年二月には日田に帰ることになり、南冥・昭陽より送別の詩を贈られている。贈答品も多数あったようである。また、五月に姪浜に戻ると、昭陽が淡窓に夢を見た話をしたところ喜んだとのことである。淡窓は再び日田に戻っている。

○一八〇〇（寛政十二）年　二十八歳

元旦、唐人町で新築中の住居が再び出火により罹災し、百道林へ移る。このことを藍泉宛に、「老父・曇栄・江・山二生皆〻無恙消光候。私儀も再災ニ狼狽仕、世紛ニ厭申候」（昭陽から島田藍泉宛、寛政十二年七月六日書簡）。

七月十八日、次女の敬が誕生。

「古伝概」（二冊）が成る。

○一八〇一（享和元）年　二十九歳

五月十五日、百道に転居（口絵参照）するも、父南冥（五十九歳）のために草香江亭を設けて、隣地に家塾を経営（百道社と称した）。

『古序翼』が成る。

この間のことと思われる淡窓の記述がある（『懐旧楼筆記』）。

予既に福岡唐人町に至りしに、先生は彼地にあらす。紙屋伊蔵にあひ、事の由を尋ぬるに、南冥先生は姪の浜にありて、大年と同居したまへり。昭陽は姪浜後藤屋の隣りに、土蔵あるを仮りて、寓居し玉ふなり。余遂に姪浜に至り、昭陽先生に謁す。先生の寓居甘古堂と号す。先生命して、其玄関に余を留められたり。

淡窓の記述は続くのだが、この間にあって姪浜では主として薬局を開くなどして、医業を営み、昭陽は姪浜で学問に励んでいたと思われる。

○一八〇二（享和二）年　三十歳

八月二十五日、父南冥の還暦祝いが催される。昭陽は父南冥のために寿序一篇を作る。この日の模様については、淡窓が次のように書き記している（『懐旧楼筆記』）。多くの者たちが、宴席の場の席順も乱れながら、酒宴となったことが述べられている。

南冥先生の誕辰は、八月二十五日なり。先生の父聴因子なきを以て、太宰府の菅廟に禱りて、子を求められしに、この日を以て誕生ありとそ。昭陽先生此日を以て、寿宴を開き、此月の晦日《かいじつ》まて、日日宴会ありしなり。初日南冥の旧友を会す。第二日、儒員を会す。其日南冥先生を始めとして、列坐の者九人なり。昭陽より預め其席順を定められたり。其次第は、南冥に次て、原震平なり。次は江上源蔵。次は後藤主税。次は星野陽秋。次は山口民平。次は予。次は昭陽。次は大壮。次は大年なり。其席順を別たれし趣意を考ふるに、江上山口後藤は先輩なれとも、当時儒官を止めたり。当時秋月侯本家の後見にして、震平其教授となり、名望極て重し。故に後輩なれとも、之を冠とせらりたり。山口は亀井三子の妹婿なり。故に其座を退けたり。陽秋村医なれとも、南冥高足の弟子にして、徳望あり。故に後藤に次けり。予は昭陽の門人にして、後輩遙に後れたり。故に賓客の次き、家人の上に置かれたり。然れとも、宴席に至つては、座列乱れて、其通りにはあらさりしなり。陽秋は事ありて来らす。昭陽宴の日に寿序一篇つゝを作り玉へり。前後六七篇に及へり。其来客に因つて、文の趣向変せり。第二日の序、予か輩の名を文中に数へ、南冥先生学術の見識を論するを以て、趣向とせり。予当時少年にして、数百弟子の中に於て、独先輩宿儒と列を同すること、全く昭陽先生の厚志より出たり。

昭陽は、寿宴を開き、日々続いた中で、席次などもわかり面白いものがあるだろう。また、父のために寿序一篇を作って言祝《ことほ》いでいる。

「字例述志」（七巻）が成る。

○一八〇三（享和三）年　三十一歳

この年、城代組士として城内勤番に就く。

「尚書考」（三冊）、『蘐文談《けんぶん》』（一冊）を撰す。なお、「蘐」という字は、「萲《けん》」（萱《かや》）にも通じ、全集六巻には「蘐文談広疏」とあり、最初は「萲」とあり、他は「蘐」とある。「剝孟子」が成る。

○一八〇四（享和四）年　三十二歳

「蘐文説」巻二を作り、「五子文評」三冊を編集する。

○一八〇五（文化二）年　三十三歳

勤番としての任期が満了し、継続しての勤務を命じられるが、固辞する。

九月十六日　長男鶵虞《すうぐ》（義一郎、蓬州）が生まれる（蓬州は十三歳で脚を折ってしまい、跡継ぎとはならず、二十一歳で亡くなる）。

十月には、秋月藩主の朝陽侯に謁見する。

「蛾子」（一冊）が成り、『蘐文談』全巻が完成する。

「五子文評」、「国語独礼」が成る。

○一八〇六（文化三）年　三十四歳

三月、秋月藩主により太宰府雅会が催され、昭陽と原古処が幹事役を務める。このことについては、文化三年三月二十七日の昭陽から藍泉宛の書簡に、「当月十日ニ於太宰府秋月侯書画会御坐候。開府已来之雅事ニ而御坐候。私父子右会ニ出申候処、直ニ秋月へ被召連候而父七日私十日滞申候」とある。太宰府雅会には長女少琹をつれて参加し、侯女に従い、秋月に行き、昭陽は羽織を、少琹には縮緬帯を賜った。

九月二十五日、秋月藩主の参勤交代で江戸への同行をすることになるが、これに先立って参勤への同行には原古処の尽力があったからだろう。同年の書簡で昭陽から古処宛の書簡（残念ながら日付などについては不明）には、「山陽従行宜御取成被下忝奉存候」とあるからである。また、一般的な推量として秋月藩主の黒田長舒の意向として考えられるのは、南冥の『論語語由』を出版させるために同行させたと思われる。周知のように、南冥の『論語語由』は「秋月府蔵梓《ぞうし》」とあって、印刷出版されているからである。

なお、江戸への同行の際については、「東遊賦」（全一五八句）を作り、遊学の嬉しさのようなものが伝わる詩があるので、その最初の第一段だけを見ておこう。

受秋侯之寵光兮
敻我将遊東方
嘉世網之俄解兮
楽懸弧之有祥
父抃舞以励我兮
母歓欣以治装
惟丙寅陽月吉兮
甲之鼂我以行
僕揚揚以策馬兮
揖故山以出疆
趠豊城而縦柂兮
硯海波風盪航
踵穴門遂観周兮
謁我師于徳城
故旧雲集餞予兮

秋（月）侯の寵光《ちょうこう》（君主から与えられためぐみ）を受け
敻《はる》かに我は将に東方に遊ばんとす
世網（世間のしがらみ）の俄《にわか》に解けること嘉《うれ》し（うれしい）
懸弧《けんこ》（男子の誕生、長男義一郎のこと）の祥あるを楽しむ
父抃舞《べんぶ》（手をうち舞い踊る）して以て我を励ます
母歓欣《かんく》（喜び笑い）して以て装いを治む
これ丙寅（文化三年）陽月吉（十月朔日＝一日）
甲の鼂《あさ》（朝）我以て行く（楚辞と同じ句）
僕揚揚として以て馬に策《むちう》ち
故山に揖《ゆう》（手をくみあいさつする）して以て疆《きょう》（境）を出づ
豊城（豊前国小倉）を趠《こ》えて柂《かじ》（柁・船のかじ）を縦《と》り
硯海《けんかい》（関門海峡を指す）の波風に航《ふね》を盪《こ》ぐ
穴門《けつもん》（関門海峡を指す）に踵《いた》りて遂に周（周防国）を観る
わが師（島田藍泉のこと）に徳城（徳山藩城下）を謁す
故旧雲集して予に餞し

戛古琴振正声　　古琴を戛《う》ちて（かたいものをうつさま）正声を振るう
行色壮気成虹兮　　行色壮《さかん》にして気は虹を成し
篙小瀬蹈芸陽　　小瀬（周防から安芸に渡る渡し場）篙《さお》して芸陽を蹈《ふ》む
踔六八之盤峴兮　　六八（広島廿日市市にある）の盤峴《ばんけん》（曲がりくねった坂）を踔《こ》えれば
厳島巋然于滄瀛　　厳島の滄瀛《そうえい》（あおうなばら）に巋然《きぜん》（一つだけ突き出ている）たり

難しい詩であるが、大意としては、秋月侯のおかげでこれから東方に遊学できようとしている。長男が生まれたのはその吉兆だろう。父は喜び励まし、母は喜んで旅の支度をしてくれている。意気揚々と旅立ち、関門海峡を渡り、わが師（藍泉）に周防で会い、昔の学友が私の旅路を祝って、琴の演奏をしてくれた。旅立ちの前途に虹をかけ、安芸に入り、厳島が青海原にそびえたっている。

まさに、清々しい旅立ちとその希望の志のようなものが伝わってくる。

○一八〇七（文化四）年　三十五歳

三月二十二日　頼春水（一七四六～一八一六、広島藩の儒官。藩学を朱子学に統一することで寛政異学の禁の先駆となる、山陽の父）の広島宅で頼山陽（一七八〇～一八三二、父同様に広島藩の儒者。尊王思想に影響を及ぼす）と会う。

四月、江戸から帰る。その後は福岡を出ることはなく、ほとんど講義・研究・著述や詩文の作成ばかりであった。

六月二十五日　父南冥の夫人（母である富）が亡くなる。

この年、父南冥の懸案でもあった太宰府碑について秋月藩の援助で建碑の計画があったのだが、十月十六日に秋月藩主黒田長舒が亡くなり、いわゆる亀井家にとっての庇護者を失うこととなる。

なお、推測ではあるが、江戸からの帰省途上の三月初旬かそれ以前に懐徳堂の人である中井履軒に会い、歓談した模様である。

この年、『蕿文絮談《じょだん》』が成る。

○一八〇八（文化五）年　三十六歳

次男の頼母（鉄二郎、陽洲）が生まれる（後嗣となる）。

この年、父南冥は秋月に行ったとある。昭陽から原古処への手紙には、「老父ハ甚好風景ニ而罷帰り高庇を仰申候」（文化五年十一月十七日）とある。

この年の十二月には、「荘子轂音《こうおん》」（轂とは、ひな鳥の鳴き声のことで、転じて人の言葉や内容がはっきりしていないことの喩えに使われる）が成る。

○一八〇九（文化六）年　三十七歳

一八〇九年から翌一八一〇年にかけての社会情勢は、やや緊張感のある時代を思わせるものがある。外国船が日本の近海を徘徊・航行することが多くなったため、幕府は緊急にその防衛体制を整えていく必要に迫られていく。長崎鎮台では、肥前・筑前・筑後・豊後の各諸藩に命じて、藩内の山上に烽火台の設置を命じた。

福岡藩にあっては天山・四王寺山などの六カ所に烽火台を設置し、当番制で三名ずつ十日ごとに勤務することになる。昭陽は十月には天山（御笠郡、現太宰府市）の烽火台の烽火番（守備見張役）となる。それを聞いた頼山陽は「あなたは礼楽詩書を好み、腹中に十万ほどの美文を蓄えているのに、戍卒《じゅうそつ》（当番兵）の仲間入りか」との一書を寄越したという。

八月下旬から翌年十一月にかけて、十回の烽火台への勤務を命じられている。後にその体験が重要な史書の一つとも言える『烽山日記』としてまとめられる（一八二一〔文政四〕年）。

この勤務については、日記の九月二十日には「望哨《ぼうしょう》（見張り）の役は、また我が宿福の招く所なり」と述べているが、前世に積んだ福徳もしだいに禍に転じたのではないか、と言うのである。推測にすぎないが、かなり苦難を強いる役であったと思われる。もう一つ推測するならば、「防海微言」の執筆は、こうした事情が反映しているのかもしれない。

九月には、父南冥と交友のあった島田藍泉が亡くなる（五十九歳）。「擬風五十首」が成る。

○一八一〇（文化七）年　三十八歳

南冥の高弟のひとりであった山口白賁《はくひ》が隠退している。

○一八一一（文化八）年　三十九歳

少琹が元日に詩を作り、昭陽はこれに和す。正月以来、南冥の様子に心疾が生じたようで、酒・茶・たばこを断って回復を祈っている。

習字生指導の書塾（ここでは朝に塾生に講義をし、その後幼童たちに習字を指導した。ただ、生活手段とはいってもかなり疲れた模様で、昭陽は「疲甚」と述べている）が完成する。

○一八一二（文化九）年　四十歳
再び、烽山の守備見張役に就く。
『読弁道』一巻が成る。
南冥の三男大年が三十六歳で亡くなる。

○一八一三（文化十）年　四十一歳
烽山の守備見張役が終わる。
「読禅月楼集」が成る。『蒙史』の執筆に取りかかる。

○一八一四（文化十一）年　四十二歳
三月二日、父南冥が亡くなり（七十二歳）、冬に祠堂が成り、三年の喪に服する。

この時の様子について、昭陽の動向を淡窓は、『懐旧楼筆記』に次のように記している。

先生の屍出てたるとき、昭陽之を見て、我今は一日も天地の間にたつへからすと云はれて、短刀を抜て自殺せんとす。傍に人あり。声を圧して叱して云ひけるは、足下の身、主君の有にあらすや。罪ありとて、君命を待たすして、我意に任すること、不敬何れか是より大ならんやと云つて、刀を奪ひ取れり。是より蟄居して、官命を待たれたり。筑前の法に、人の隠事をさかし求むる時は、必目付三人を用ふ。三人路を分つて、是をさぐり、各〻その見聞する所を以て上に達す。私かに相談することを許さす。此に於て、三士命を受けて、亀井父子の間、平日親しかりしや。不和なりしや。人説を聞求む。既にして、皆不和の事なしと申達す。官より再命あり。猶微細にさがすへしと。それより又旬日をへて、昱太郎平日至つて孝心のよし申達す。三士両度の言、皆符節を合するか如し。是に於て赦免の命あり。官禄皆旧に復せられたり。この時の申し渡しの書附の写しを見たり。

其方儀、父道哉老髪致し、失火いたし。落命に及ひそろ事、其方不行届の次第にそろ。然れとも、平日の事へかた宜きによりて、差赦されそろ。

人曰はく、もし平日不和のことあらんには、遠島より軽きことは有るまじ。然るに、昭陽の孝志、反して是より上に顕れたり。

九月四日、四女の宗が生まれる。

『蒙史』六巻が成る。

○一八一五（文化十二）年　四十三歳
「蒙雅秘録」が成る。

長女少栞のために「蒙詩材」二巻と「蒙詩礎」二巻を作る。

○一八一六（文化十三）年　四十四歳
四月に喪を廃し、祠堂を出る。

八月十八日、南冥の弟曇栄が亡くなる（示寂《じじゃく》という。六十七歳）。

十二月十七日、少栞（十九歳）が三苫源吾（二十八歳、雷首山人）と結婚し、亀井姓を名乗る。

○一八一七（文化十四）年　四十五歳
八月十日、長男義一郎が脚を骨折する。

十月六日、百道《ももち》林亭で三男修三郎が生まれる。

冬に商頌《しょうしょう》室（商頌とは『詩経』にある詩の一つを指すが、殷の子孫が先祖を祀って歌った詩である。昭陽は、毎月初めには正装してここに入り、聖像及び先祖の神壇を拝し、しかも先祖の忌日には供養した）が成る。

次男鉄二郎が鉄次郎に改名。

○一八一八（文政元）年　四十六歳

四月二十六日から五月十七日にかけて頼山陽が博多に来遊し、松永子登宅に留まった。この間、昭陽を度々訪問したようである。「昭陽先生文集」初編巻一の「賀松子登加俸序」という箇所に、頼子成（頼山陽のこと）がやってきたが、子登が幾日も泊め、あなたこそ徳のある人で識者である、頼山陽に、やや問題のある人だがあなたこそだ、と言っている。この時、頼山陽の詩が残されている。それも海の中道を望むという七言絶句の詩である。

また、貝原益軒を意識してか、日記を付けることにしたようである。それが『空石日記』で、九月から『空石日記』（原漢文）が始まり、以後、一八三五（天保六）年十一月二十八日まで続いている。

『蒙史』六巻が完成する。なお、この書を校閲したのが、帆足万里（一七七八〜一八五二、豊後日出《ひじ》藩の儒学者で、三浦梅園、広瀬淡窓とともに豊後三賢の一人。詳細は後述）とのことである。昭陽が言うには、「我を知る者独り帆足子あるのみ」とのことである。

○一八一九（文政二）年　四十七歳

この頃、昭陽の日常生活は、まさに多忙な毎日であり、疲れる日々であったと思われる。『空石日記』の文政二年五月十九日には、次のようにある。「夜、子夜（夜の十二時ごろか）に至って独り校閲を案ずるに、目忽ち眩《くら》み、神気慌惚《しんきこうこつ》を覚ゆ。直ちに書を廃して、熊胆を服し、また重光丸を服し、蚊擣《かとう》に入り保摂す。将に眠らんとすれば、すなわち胸間に物の升《のぼ》るありて、かくのごときものしばしばなり。その大升を恐れ、手を以て自ら圧し、終宵眠られず。因って思う、数日来、二礼に沈淫し、精神を用うること過度なり。故にこの患あるなり。余、年すでに知命になんなんとす。安んぞ刻苦、少壮の時のごとくなるべけんや」と言い、今でいう疲労回復剤（熊胆《ゆうたん》、熊の肝の漢方薬）などを服用し、体力の限界まで刻苦勉励していたのであろう。その多忙さは、日々、講義・出勤・添削・揮毫をはじめとし、作詩・著述、さらには来客の応対、家事などであった。

また、日記の一節に「幽人（四十七歳）、内氏（四十三歳）、友也（長女少琹、二十二歳）、敬也（次女、二十歳）、義也（長男、十五歳）、鉄也（次男、十二歳）、世也（三女、九歳）、宗（四女、六歳）、修也（三男、三歳）」が揃った様子が記されている。まさに賑やかなことであろう。また、長男と次男を叱ったことから、夜、寝なかったとの記述もある。

「神経蒙史」、「蓼莪《りくが》九徳衍義」（「蓼莪之詩」小雅にある詩の題名で、親が死んで孝養を尽くせなかった悲しみを表す）が成る。

○一八二〇（文政三）年　四十八歳

七月七日、江上苓州が六十三歳で亡くなる。なお、このことを広瀬淡窓は、二十三日に知ったようで、「江上源蔵歿せるに因って、其子述太郎より訃音到来せり。因って弔書を贈れり。源蔵は南冥先生門下の第一流なり、博学能文、肩を比する者なし」（『懐旧楼筆記』）と述べている。

『菅公略伝』が成る。

『夏小正』を註し、「穆天子伝考」を作る。

○一八二一（文政四）年　四十九歳
七月、「烽山五記」三巻を写す。

『周易僭考』を作る。「病床抄筆」、「病間漫筆」を執筆する。

○一八二二（文政五）年　五十歳
「天山遯者《とんしゃ》」と号す（「遯」の字は、易の六十四卦の一つで、二陰が下に生じて四陽が逃れ隠れようとするさまを意味する字）。

七月十三日、三男の修三郎が午後十時頃、亡くなる。昭陽は兄弟の中でも修三郎にかなりの期待を寄せていたようである。父母とともに、少琹夫婦（雷首）が徹夜の看病をした。『傷《しょう》逝録《せいろく》』には、臨終の様子を伝えている。簡略して述べると、息を引き取る間際、「体がいたい」と言い、「どこがいたむのか」と問うと、胸をおさえた。しばらくして、「こわいこわい、早く地面におろして」と言うので、雷首が膝に乗せると、しっかりつかまっている。しばらくして少琹が膝の上に寝かせると、一口息を吹き、「横になりたい」と言った。次第に声も小さくなり、とうとう息絶えた。

この『傷逝録』が書き始められたことについては、同年九月二十三日の『空石日記』に

「始めて修也の遺事十枚を写す」とあり、没後約六十日が経過した時期であることがわかる。また、翌年の八月二十六日では「傷逝録を釘す。夜蚤に臥し、三更に起きて附録を句点し、天明に至る」とある。約一年間で書き上げたようである。

『傷逝録』の記述には、次のような一端が述べられている

修也屢しば家人の夢に入る。唯我のみは則ち一月にして一夕たる能わず。癸未中の日、夢に遺像を祈る。其の夕に修也婉然として余が案右に坐す。余は喜び問いて曰く、玉理香散ずるに、胡為れぞ来るやと。修曰く、大人は児を見ざるを歎くも、常に大人の傍らに在りて去らざるなりと。覚めて大いに感じて、詩に清めて曰く、夢境は原もと虚幻なり。情真なれば幻も亦真なり。嗚呼、夢中の語、これを平常に聴くが如し。

昭陽の子への哀惜の念が伝わる内容であろう。

『傷逝録附録』では、修三郎のことを「孝鳥神童」と称して、わずか六歳で亡くなったもののの、孝悌を心にそなえ、聡明で利発、学に対しても抜群の才能を発揮したとして、このような呼称をもってその死を悼んでいる。

この年、後に蘭学医として有名になる岡研介（一七九九～一八三九、名は精、字は子究、周東と号した）が亀井塾に入門するが、長崎のシーボルト（一七九六～一八六六、「紅毛良医」と呼ばれる）に師事するため、一年半ほど塾生となっている。岡研介の紹介で、後に僧である一圭が昭陽宅に滞在する。

○一八二三（文政六）年　五十一歳

『傷逝録』三巻が成る。

六月四日、広瀬謙吉こと旭荘《きょくそう》（一八〇七～六三、十七歳）が入門する。兄の淡窓の病気で、実際は短期間で終わっている。最初、約百日間ほど滞在後、一旦帰郷し、翌年の十月には再び昭陽の塾に戻るものの、年を越した二月には帰省している。その後は、福岡に出ることができなかったのは、淡窓の代講を務めたからにほかならない。

昭陽は、旭荘については、かなり期待をしていたようで、「昭陽文集」初編の淡窓に送る序の中に、「謙年十七、三月の期を以て来遊す。吾が党絶倫の才なり。その詩にたけ、またあゆみに壮なること、ほとんど年を以てすべからざるあり。文もまた精整にして奇気を孕む。余五十の年、咄々《とつとつ》（驚き怒ったさま）、舌を夙成《しゅくせい》（早成、早熟）に吐くこと、一人のみ」と述べていることからもわかる。ここに注意しておきたいのは、「吾が党」と述べている点で、これは昭陽が「貝原益軒は腐儒」と述べて、朱子学派である東学派を意識した言葉で、対抗心があったものと推測される。

九月、十月、十一月それぞれの一日には、商頌室に孔子の画像を掲げ、聖拝するのが常であったが、画像は掲げていない。「癸未《みずのとひつじ》九月　朔日五鼓に起き感服して聖拝す。附するに国喪を以てし、鬚を剃らず画像を挂《か》けず、易を披《ひら》く。恒を振う、凶なり。大いに功无《け》き（おさめまつるの意か）なり。退いて凡そ恒ならざることを欲することを懼《おそ》れ、必ず力行し凶ならざるを求む」（『空石日記』）と述べているが、易の占いにこだわっている。ただ、孔子の画像を掲げなかったのは、国喪とあるように、藩主黒田斉清（十代）の実母御新間《しま》の方が同年の八月二日に逝去したことで喪に服していたことを指している。

「十月朔日、子の時聖拝し予の初六に遇う。鳴予。凶なり。志窮まりて凶なり。恐れて免れる所以を謂えば則ち『虎の尾を履む。愬々《さくさく》（ぎくりと驚くさま）たれば終には吉なり』を告ぐ。神を拝して寝ぬ」として凶が吉に転じたと述べている。

さらに、「十一月朔日丑夜、聖拝し同人九四に遇う。その墉《かき》に乗るも攻むること克わず。吉なり。象に、その吉なるは則ち困しみて則に反るなりと。先二卦凶に遇う。此に至り心甚だ欣ぶ」と述べ、二カ月は凶であったものが、吉に遇うことができてよろこびの気持ちを表している。

○一八二四（文政七）年　五十二歳

五月十一日、長崎の遊学を終えた僧一圭（一七九五〜一八三一、一圭は字、遠山荷塘《かとう》、『韻鏡発蒙』の著書があり、『胡言漢語』、『西廂記《せいしょう》』を校注している）が来訪している。彼の訪いは、昭陽に大きな影響を及ぼしたのであって、昭陽の晩年における重要事と言えるため少しばかり述べておきたい。そこで、まず淡窓の語る内容から見ていくと、次のような記述がある。

釈一圭来訪。留宿せり。一圭四年前を以て、予が塾を去り、諸方に遊歴し、遂に長崎に留まること数年。華音を学んて、頗る其委曲を窮めたり。今年長崎を去り、筑前に来り。昭陽先生の塾に止まること数月なり。先生極めて其人となりを称し、悠揚一端ならす、又子弟に命して、華音を学はしむ。一圭東都に遊はんとして、筑を去り、我家に来る。是は東上に付き、別をなさんと也。遂に予か家に止まること五十余日。十月に至つて、辞し去れり。其内に昭翁より僕をつかわして、消息をなし。又僧錦龍・岸要人の二生を遣はして、其安否を問はれたり。一圭我家に止る内、謙吉及諸生数輩に命して、華音を学はしめ、亦切音の方を習はしむ。予も亦其側に在つて、一斑を窺ひたり。然れとも、遂に成功なくして止めり。一圭東都に至りて後、数度書信を通せり。其事猶下に出せり。一圭我家に来るに、月琴と云ふものを齎し来り。華音を唱へて、之を弾したり。当時月琴を弾するもの、世上頗る多し。皆一圭を以て鼻祖とするとぞ。
（『懐旧楼筆記』）

この記述にあるように一圭は、華音つまり中国語ができた上に、皆に教えたとあるし、さらには月琴（中国の四弦の弦楽器）を演奏したとある。これは昭陽宅にあっても同じであり、昭陽自身がそれに感動している。この感動については漢詩を中国音で読むことで、そのリズムや音のあり方を知るうえで貴重な体験となったと言える。「昭陽文集」初編にもあるように、父南冥から漢詩を学ぶ際に四声に注意するようにとの戒めを受けていたが、ますますもって重要だということが分かったとの趣旨が述べられている。一圭が昭陽の所で約三カ月も逗留したことは、単にそれだけに止まらず、亀井家の学問に与えた影響は『家学小言』が成ったことでも分かる。『家学小言』には亀井の学問観などが述べられているので、注意しておく必要がある。なお、『家学小言』は十三日から起草され、二十四日に完成する。

さて、八月二十三日には、一圭は日田に向かうことになり、昭陽の二児二女、さらには書生など合わせて十一人で太宰府まで見送るのである。彼が去ってしまうことへの落胆は大きかったようで、「宵も寝ぬる能わず、食もまた味なく、今朝も常膳に復せず」というように「昭陽文集」には記されている。その後の日田での様子は淡窓が記しているが、昭陽同様の感動を覚えている。

八月六日、少栞の長女紅染が誕生。

「周礼抄疏」（三冊）が成る。

○一八二五（文政八）年　五十三歳

二月十四日（淡窓は十三日としている）、南冥の次男大壮（雲来）が亡くなる（五十一歳）。

二月十七日、昭陽の長男義一郎（蓬洲）が亡くなる（二十一歳）。次男の鉄次郎（暘洲）が家督を相続する。この鉄次郎については「昭陽文集」で「今、我が家はただ一父一子あるのみ。鉄也は未だ薪を負うにたえざれば、すなわち僕の肩は、未だ以て墊《おと》すべからす」というように、まだ亀井家を支えるまでになっていないと言っているのであろう。というのも、長男も亡くし、三男も亡くしているのであり、この先どこまでを彼に負わせていいのかという不安があると考えてよい。
四月二十一日、山口駒（士繁、昭陽の甥）が江戸で亡くなる。
「尚書考」四巻、『孝経考』、『孟子考』を作る。

○一八二六（文政九）年　五十四歳
「字典浪記」を作る。
『論語語由述志』十冊が成る。
十一月より『左伝纉考《さん》』を書き始める。

○一八二七（文政十）年　五十五歳
正月、「春秋経例考」を作る。
二月十七日、原古処が亡くなる（六十一歳）。

○一八二八（文政十一）年　五十六歳
六月十日、『左伝纉考』三十巻が成る。

○一八二九（文政十二）年　五十七歳
二月十九日、『左伝纉考』五冊を改冊。
十二月二十日、隠居し、暘洲が正式に家督を相続する。

○一八三〇（天保元）年　五十八歳
四月十三日、少栞の長女紅染が亡くなる（七歳）。
九月、暘洲が勤番。南冥十七回忌。
「学庸考」を作る。この書と『大学考』、『中庸考』とまとめて完成する。
「養生訓抄訳」及び「字例述志」第三稿が成る。

○一八三一（天保二）年　五十九歳
七月一日、僧一圭が江戸（浅草）で亡くなる。江戸に行った一圭のことを昭陽はかなり気にしていたようで、亀井家ゆかりの中島子玉や西島元凱らに世話を依頼していた。一圭の死は朝川善庵によって知らされたが、朝川が一圭を訪ねた際、風邪にかかっていたらしい。しだいに衰えていったとのことである。一圭の病中を世話していたのは谷文晁《ぶんちょう》（一七六三〜一八四〇、南画・文人画家、名は正安、通称は文五郎、字・号は文晁）で、門下生二人によって見守りをさせ、自らは毎日のように見舞っていたとのことである。

「尚書考」十二巻が揃う。この書は、十七歳の時から何度も修正して、ようやく完成したものので、生涯をかけた書であった。

「国語考」が成る。

○一八三二（天保三）年　六十歳
八月十六日と思われるが、還暦を寿ぐ。

暘洲は御書物預役となる。

『礼記抄説』、「夏小広説」が成る。

頼山陽が九月二十三日に亡くなっている（五十三歳）。

○一八三三（天保四）年　六十一歳
『毛詩考』が成る。

○一八三四（天保五）年　六十二歳
「楚辞玦《けつ》」が成る。
○一八三五（天保六）年　六十三歳
『荘子瑣《さ》説』が成る。

「老子考」第六十七章までのため未完成（『老子』は全部で八十一章ある）。

なお、この二つからすると、昭陽の関心が老荘思想に向けられていることがわかる。彼の学問は儒学、しかも徂徠学だけでなく、朱子学などとともに幅広く中国思想への研究を目指していたと考えられる。
○一八三六（天保七）年　六十四歳
五月十七日己亥《つちのとい》戌刻（現在で言えば午後八時頃）亡くなる。

このことに関して、淡窓が述べているところを見てみよう（『懐旧楼筆記』同年同月二十六日の記述）。

二十六日。亀井鉄次郎か書至る。昭陽先生本月十七日を以て、世を辞し玉ひし由なり。此日より持斎し、講業を廃し、諸塾遏密《あつみつ》（静かにさせる）すること、七日なり。玄佳、松庵二生を使として、福陵に至つて、喪を弔せしむ。二生帰時、鉄次郎より遺物を予及謙吉に贈れり。

予歳十五にして、始めて筑に遊ひ、先生に謁し、帰郷後も数度往返せしこと、皆前に記せり。南冥先生卒し玉ひし時、予自ら往いて弔す。此れ先生を見るの終りなり。是に至つて、二十三年なり。初見よりは、四十一年なり。予其の膝下に侍するの日を数ふるに、二年に満たず。然れとも、先生予を待つこと甚厚し。知己の感、長く忘るへからさる者なり。先生の学術行事、遠く其父の上に出たり。然れとも、世上の名誉に至つては、父の半に及ふこと能はす。著述数百巻にして、其上木（上梓、出版する）して世に伝ふる者、一二もなし。嗚呼惜哉。既に官途に不遇にして、文園に於ても、亦意を得るに至らす。何そ其遇の蹇剣《けんぱく》（不運な目にあうこと）なるや。但し後来其著述多く上木して、世に布く時あらは、必天下後世に於て公論あるへし。先生今年六十四、三男あり。二男世を早うし、中子鉄次郎世を継けり。今年二十九歳なり。

父南冥ほど有名でなくとも、その学問のあり方をはじめ、多くの著作があることは、きっと後世に大きな影響を与えることだろうとし、その生涯への思いが伝わる内容となっている。昭陽の人柄の一端を見ることができる。

さて、その後のことを三つだけ述べておきたい。

○同年十一月
『学庸考』として浪華書舗松根堂より刊行される。

○一八七六（明治九）年
十月二日午前四時、暘洲が亡くなる。

○一八七九（明治十二）年
旧暦五月十三日、聴因（先秋翁）百回忌が行われる。

以上、父南冥もそうであったが、昭陽も多くの苦悩を背負いながらの生涯である。特に、甘棠館の再建が不許可となった後、平士身分となり、烽火台への勤務をはじめとして三男修三郎の死にはかなりの衝撃を受けたことだろう。そうした波乱もありながら、亀井塾とともに、自らの学問を形成していこうとした態度は、まさに学者そのものの生き方であったと言えるのではないだろうか。

Ⅱ 昭陽の人柄と学問

二・一――南冥との違いとその人柄

父南冥については、「儒侠」と言われるほどに、極めて性格的に侠気が強かったようであるが、子の昭陽はその気性を多少は受けていたものの、対照的ではなかっただろうか。そのことを淡窓の記述から探ってみよう。

南冥については、次のように述べている（『儒林評』）。

南冥は気象英邁にして、眼光人を射る人なり。尊貴の人に屈せず、直言して媚ぶることなし。是を以て人に忌まれ、罪を得て蟄居《ちっきょ》すること二十余年にして終れり。晩年終に心疾を発するに至る。是を以て讒《そしり》を世に招けり。（略）南冥は極めて人才を愛する人なり。尤も教育に長ぜり、是を以て門下に有名の士多く出でたり。（略）南冥は詩文に長ずる人なり。学問は余り博きことなし。（略）其学問は徂徠より出でて一家をなせり。大略徂徠の説の已甚しきものを削りて、中道に適したるものなり。其自ら称するは、朱物二子の域を超えて、直に古道に泝《さかのぼ》ると云ふ。然れども世人は之を称して徂徠学と云へり。

つづいて昭陽については、こう述べている（同じく『儒林評』より）。

昭陽は行状謹厳なる人なり。父の喪に居ること三年。全く古礼によりて、省略する所なし。終身娼妓の類に近づかず、幾んど二色なきに近し。其気象は豪爽（すぐれてさわやかな気性）にして、慷慨（心を奮い起こす）なり。頗る父の風あり。内行に至りては大に異なり。

このように述べている中で、淡窓は昭陽の学問・著述に触れているので、つづいて引用しておきたい。

昭陽の学風は、専ら父の説を主張せり。其経術文章は、父の上に出つること遠し。然れとも名誉は父の半に及ぶこと能はず。或人之を評して曰はく、昭陽の学問は父に勝り、度量は及ばず。猶東涯の仁斎に於けるが如し。

昭陽は著述極めて多し。壮年より戸を閉ぢて閑居し、力を著述に用ふること数十年。一日の如し。世儒と交を通ぜず。亦俗人を見ることを喜びず。是其名誉少き故なり。門人を育することは、父の風に似たり。然れども人才の多く出でたることは、及ばざるなり。

さて、このように父南冥と比較すると、確かに真面目な人柄であったと推測できるのだが、学問からすると、どう判断できようか。父より優れていると評価されるものの、度量は伊藤東涯が父仁斎に及ばなかったのと同じだともしている。

ところで、淡窓の記述に従うとなれば、同じような表現が見られるが、さらに次のようにも述べている（『懐旧楼筆記』）。

昭陽先生は、気象豪邁（気分が強く大きく、知勇が他の人より優れている）にして、父の風あり。慷慨の気尤厲し、然れとも、其父細行に拘はらすして、罪を得たるに懲り、矯飾して己に克てり。孝弟に至りては又天性に出てたり。生涯娼妓の類に近つかす、二色無きに近し。後年父の喪にあり。水漿口に入らさること三日。服喪三年。哀毀骨立せり。我邦三年の喪に服する者鮮し。貝原先生の篤行なるすら、三年の喪は邦人の勝ふる所に非す。国制に因つて、一年の喪を用ふへしと言はれたり。然るに是の人のみ。断然として古道を行へり。其人を教ふること、鼓舞抑揚の術、又父の風に倣へり。然れとも、門に才子の多く出てたることは、其父に及はす。愷悌《がいてい》（人柄がおだやかなこと）にして、人才を愛すること、又父の風あり。然れとも、昭陽は能く文人書生を容れて世俗の人を容るること能はす。其門人を愛すれとも、他方異学の人と交ること能はす。人其度量父に遜《へりくだ》ることを評論せり。或人之を評して、昭陽の行事、未た十全とは云ふへからす。其孝友に厚きことと、女色に廉なるとの二事、是を顔曽冉閔（孔子の弟子たちのことで、顔淵・曽子・冉有《ぜんゆう》・閔子騫《びんしけん》）の際に置くと雖も、又愧《は》つることなしと云へり。

やや長い内容だが、父南冥と同じようでありその違いを述べた内容であることから、南冥と比較して幾分穏やかな人柄であったと思われる。また、南冥同様、教育者としての自覚から門人たちを育てていたことは、その後の亀井塾が存続するだけの理由があると言えよう。

ところで、淡窓が入門した頃の昭陽の日課についての記述を見てみよう（『懐旧楼筆記』）。

昭陽先生礼記を講し玉へり。其後周易、尚書、孟子あり。時刻は、早朝なり。飯後は、先生学館に出勤ある故なり。三日に一度の会読あり。これは夜中なり。出席の徒十四五人位なり。月に文会三度、詩会三度なり。これは出席の徒、十人に不過。余始て至りしときは、彼の風にならはす。摧折《さいせつ》（勢いがくじかれる）せらるること多し。

淡窓の経験が述べられているのであるが、おそらくはこれが日課としての教育のあり方であったと思われる。教育にかける情熱と著述への日々が、亀井門下生に大きな影響を及ぼしたことであろう。

二・二――学問観

南冥が徂徠学であれば、当然、昭陽も徂徠学の継承者であることは間違いないのであるが、彼の生涯からすると、学問への情熱および著作の成り立ちからして徂徠学だけに留まったとは言えない。そこで、まずは基本的なことは南冥が詩文に長じ、『論語』の解釈に傾注したのはもちろんのこと、昭陽においてもそれは同じであったが、それだけに終わったわけではない。昭陽の多くの著作を見ていくこともちろんのこと、その大要を摑むことも重要と思われる。というのも、昭陽の著作から儒学関係はもちろんだが、朱子学への検討と批判、易関係（これは彼が日々占いをしていたこととも関係していよう）、さらには老荘関係も研究対象としているからである。

そうした中で、主要な著作については、今はおおよその学問への態度と言えるものを垣間見ておくことにする。

昭陽は『家学小言』の冒頭で、次のように言っている（三・三参照）。

我王考（祖父の聴因こと）、晩年にして学に志す。諸儒みな宋習なり。王考信せず。物氏の書を得て、悦びて曰く、君子の学はここに在り、と。王考、方正儼恪にして宏度汪々（心が広く寛容で度量も広い）たり。儒者の曲弁（言葉たくみに言いくるめる）多きを悪み、以てその本を失うと為す。（略）其の遺訓に曰く、務めて大義を明らかにし、これを行実（行ってきた事柄）に施せ、と。物氏没せし時、王考年二十五にして後、二十九年を閲して、甘露朝公の物氏に親炙《しんせき》（親しく接し感化を受ける）すと聞き、先考を以てこれに託す。先考はじめて十四、知命の年におよび論語語由成る。余の不肖を以てこれを観るに、先考の論隲《ろんしつ》（論じあげる）するところ寔《まこと》に百世の格言なり。今其の要を略し、以て門人少子に示す。

（序言）

この内容は、祖父聴因から父南冥が物氏つまり徂徠の学問の流れにあることを述べたものとなっている。したがって、亀井学（亀門学）は徂徠学と言えるのである。もう少し、『家学小言』を見てみよう。

（略）朱子の風は士庶に宜し、その過の寡《すく》なきを以て也。以て之を君大夫に施すは取捨無くんばあらず。物氏の風は君大夫に宜し、その人材に器用するを以て也。これを青衿《せいきん》（学生）に施すは取捨無くんばあらず。此れ二氏の大分也。然れども達識（広い視野に立った見識）にして度量ある者に非ざれば、物氏を知る能わず其の言に疎暴多ければば也。

（第三十章の一部）

学説に対する取捨選択の必要性が述べられている。

第三十一章のはじめに「子曰く、忠信を主とし、而に宋儒は別に主敬の説を創る」と述べ、「忠」と「信」が重要だと述べているが、これなどは当然に『論語』における孔子の中心思想をなすものであるため、祖父以来の亀井の中心の学問（家学）がそれだとしていると考えることができる。また、第二十五章で「余の畢世の力を詩書に用いるは、なお先考の論語に於けるがごとし」とあるように自らの学問が経学（四書五経を研究する学）に向いているとしている。四十歳代半ば頃の著作がそのことを示していると考えられる。

昭陽の学問については、「昭陽は、権力と結んで得意然としている学者どもと競い合う気持ちは全くなかった。彼はときとして、『僕は廃物なり』ともらしていることがあるが、それは自らを敗残者と受けとめているのではなく、『たとい今の世に容れられなくても、いつかは己れの学問が見直される時があるであろう』という信念を託したものであろう。だから彼は、当世の学界の堕落ぶりを嘆いていう、『ああ、文章の道の衰うること久し。当世の儒者は、利禄に奔走し、臭気人を穢す』と。亀井学は、『忠信を主として自ら欺かない』ことをかなめとしたが、それは時流に迎合せず、ひたすら孔子と直結した学問に没頭し、それを後世に残すということであった」（荒木見悟「亀井学の特色」）と述べられている点に注目してよいだろう。もちろん、それらは昭陽の数多い著作を見ていかなければならないとともに、『論語』をはじめとして徂徠の学問との比較もまた重要になってくると言ってよい。

Ⅲ　著作をめぐって

三・一――原典資料文献から

手許にある古文書とも言える二冊を紹介しておきたい。
一つは、南冥の『肥後物語』で、もう一つは、昭陽の『菅公略伝』である。

三・一・一 『肥後物語』について

『肥後物語』は南冥の著書であるが、ここで取り上げたのは、亀井の学問が受け継がれていたことを裏づけるように思う写本だからであって、この著作は南冥が三十九歳の一七八一（天明元）年の時に成ったものである。

その写本の最終の裏表紙には、次のようにある。

天保十五甲辰歳二月　長井六之進盛行写

この写しの年号を西暦に直してみると、一八四四年三月で、この年に元号は弘化元年となっている。昭陽が亡くなったのが一八三六（天保七）年であるから、昭陽没後も亀井の学問が継続されており（亀井塾は暘洲が受け継いだ）、学ばれていたと言っても過言ではなかろう。この『肥後物語』を写し取った人物については不明であるが、おそらく武士身分であり、亀井塾に通い、『肥後物語』が肥後熊本の政治や学問について述べた書であることを考えると、特に政治に関心が深かった人物だと推量するしかない。

この一書を述べたのは、南冥はもちろんのこと、昭陽の学塾が続いていたとする証と考えておきたい。

全集に掲げられた内容と比較してもしっかりと写し取られており、「凡例」や「堀平太左衛門昇進之事」や「学校小図」等々、漢字とカタカナで丁寧に書き写されている。

三・一・二　『菅公略伝』について

この書は菅公、すなわち菅原道真（八四五～九〇三）について、その略伝を記したものである。内容的には『大日本史』などを参照して、道真の生涯をたどっていき、道真の漢詩をもとに文学者、政治家としての一面を叙述している。最後には「恭記　梅符事」として菅公が梅を愛したこと、飛梅のことにまで言及している。

『亀井南冥・昭陽全集』第六巻に収録されているのは、一八四九（嘉永二）年の刊本で天満宮所蔵のものである。ここで紹介するものは、次のように記されている。

明治十五年壬午十月二十九日夜　早田俊蔵

「蔵」の字の一部が切れているが、おそらくそのように読めるのであり、その下に何が記されたかまでは分からない。写し取ったとされる明治十五年は、西暦で言えば一八八二年のことである。やはり推測するしかないが、明治十二年に祖父の聴因の百回忌が執り行われていることからすると、亀井塾の塾生（書生）によるものと思われてならない。しかも、年代が近いこともあり、おそらく亀井塾には門人がいたであろうことの証明と言えなくもない。

しかしながら、『全集』のものと比較して間違いないように写し取られているようであるが、やや残念ながら漢文であるためか誤字や字の位置（語順）に違いが見られる。ただ、できるだけ正確性を高めようとしたのか、レ点等々の漢文の読み方は『全集』に記されているものとほぼ同じである。多少書き込みがあるが、これは写本を読んだ後世の人によるものと思われる。

ところで、この書が興味深いのは、『全集』解説にも見られるのだが、太宰府つまり菅公については、亀井南冥と深く関わっている点である。南冥は「太宰府碑文」を記し、建碑を計画していたが、結局、取り潰されてしまった。この取消の処分が南冥の蟄居に繋がると考えられている。

また、昭陽の弟の大壮が太宰府の地に雲来社を設立して子弟教育を果たしている。これらからしても太宰府は亀井家にとって重要な土地であった。

昭陽は、菅公こそは「本邦の儒宗」として「公の憂えず、懼れず、惑わずの三徳を兼てこれを躬《きゅう》する」と述べ、儒学思想からしても菅公の徳を讃えている。

そこで、少しばかり参考のために、その「太宰府碑文」（原漢文）について全文を掲載しておこう。南冥の廃黜《はいちゅつ》の原因の一つとされる「太宰府碑」をまず読んでもらいたい（以下、書き下し文のみとする。なお、この文の引用にあたっては、全集第一巻からのものであり、高野江著にもあるが、かなり違いがある）。昭陽もおそらく『菅公略伝』の執筆の際に、参照したものと考えられる。

昔は郡県にて治を為す。本藩には太宰府を置き、奥《むつ》の鎮府《ちんじふ》と東西に対峙して、政《まつりごと》を布《し》き民を牧《ぼく》し、かつ外寇に備え、制はなはだ簒重《さんちょう》なり。但し太宰府は百済・唐山・渤海など騁使《ていし》を兼統するをもって、文武の官を具《そな》えし。親王を冊命して、之を主に帥《ひき》せしむるに奥の専ら武を用いるごとくにしかあらず。即ち権帥《ごんのそち》・大弐《だいに》に来たりのぞむ。黄備《きび》・大江二公のごときは、その最も著称なるものなり。すなわち菅公右大臣をもって権帥に左遷されたるがごときは、けだし異数なりと云う。すなわち菅公讒《ざん》をもってここに至る。悒鬱《ゆううつ》ついに楽しまずみまかる。じつに安楽寺に葬るなり。天その衷《ちゅう》に誘《いざな》うにおよび、京師すみやかに災いあり。天子心を動かし、その罪にあらざるを感悟して、追贈して徳を旌《あらわ》し、祠《ほこら》してこれを祀《まつ》る。これを四方に寵《ちょう》し、今太宰府として顕《あらわ》る。菅公の詩ありて曰く、都府楼はただ瓦の色をみると、説く者いいて、桜はすでに廃圯《はいい(し)》して、ただ古瓦《こが》の器《き》翫《がん》に供せられるというは、なお未央銅雀《みおうどうじゃく》のたぐいのごとくなり。あるいは曰う、然ず、桜ありて登らず、ひとりその甍《いらか》を望み見て、幽閴《ゆうげき》して門を出ざると述べたるなり。しからざればすなわちその対に観音寺はただ鐘の声を聴くというは、何をもって説をなさんとす。二説いまだいずれか是なるかを知らず。要はこれ菅公即世して、業《なりわい》すでに数百千年、太宰府のおこるはいまだ菅公にさきだつこと幾百閲歳なるかを知らず。すなわち寇を禦《ふせぐ》はいわゆる存するがごとく亡きがごときは、だれが得てこれを詳《つまびらか》にせん。余ひとり悲しむ、菅公太宰府をもっておおいに顕《あらわ》れ、しかも太宰府は菅公のために掩《おおわ》れるを、人は詩をもってその瓦を知りて、その詩は瓦を伝えるを知らず。その墟《あと》を墾闢《こんぺき》して、泯《みん》滅《めつ》してほとんど尽くす。あに菅公の意《おもい》ならんや。先儒の貝翁篤信は方志を作り、府に至り旧址にいたるや、考索詳甚《こうさくしょうじん》にして、なお頤指《いし》して箸数《ちょすう》すべきがごとくしかり。我心の戚々《せきせき》たるをもって、翁の紀載《きさい》を推すこと詳らかに彼《か》のごとし。翁あに我心を百年の上に獲《え》たるものにあらずや。なんぞもって旧址を存して、これを無窮にたれんや。石を樹《た》ててほぼ顚末《てんまつ》を記しかつこれに銘《めい》し、その地の名称のごときは、方志これをつくす。また贅《ぜい》せず。すなわち旧礎三枚を移して、碑前に布列し、古に存することを庶《こいねが》う。ふして惟《おも》うに、当今国邑を封建するに、名器は古にあらず。我先侯《せんこう》慶長のかんに大勲労あるをもって、封を本藩にうつす。よって命じて西南の蛮夷に兵備せしむ。奕葉《えきよう》職を守りて、海波を揚げず、奥は大国なり。大小の諸侯、封疆《ほうきょう》あい接し、俗もまた驍武《ぎょうぶ》、毛人蝦夷にあらんや。それ世遷《うつ》り物換《かわ》るは天の数なり。ただよく民を軌物《きぶつ》に納め、天下を盤石の上に置くは、古今となく一つのみ。ああ盛んなるや、銘いわく、蕩々《とうとう》たる大磤《だいいん》、皇露《こうしょう》のめぐりたるところ、八挺は海をめぐらし、一獄は天に柱す、珠をはらみ金を毓《いく(そだて)》し、山媚水鮮なり。奥は東北を鎮め、岩邑緜延《めんえん》たり。筑と肥に命じては、戎蠻《じゅうばん》を控制《こうせい》し、蠻舶《ばんぱく》は越翎《えつれい》す。出没は煙のごとし。賄貨《わいか》は禍いを蔵し、重訳は津《しん》に通ず、鎮台は厳に備え、艨《もう》艟《どう》は殷轔《いんりん》たり、時を観ては務を開き、よろしく古賢に稽《かんが》うべし。都府は蹟《あと》を存し、片石は屹然《きつぜん》たり、周の文の事に服し、商の鼎のごとく遷《うつ》らず、宇宙は自若として、帯礪《たいれい》としてつねに新《あらた》なり、百王は一姓にして、千億は万年なり、時を維《つな》ぐ。

寛政改元 己酉《つちのととり》仲冬　　筑前福岡府甘棠館祭酒亀井魯道載甫撰并書

ここに記されている寛政改元とは一七八九年のことである。内容は、かなり難しいものになっている（これが南冥の特徴でもあるが）。しかし、現在の歴史的な見解からすると何らおかしなことを述べているわけでもなく、おそらく当時として歴史に相当詳しい記述であって、太宰府の鎮守府としての性格、さらには菅原道真について、貝原益軒も十分に述べていたと記している。その意味でも太宰府の歴史的な重要性が説かれていると考えられるが、どこに問題点が感じられたのであろうか。やはり勤王派として受け取られたのであろうか。

三・二――『読弁道』の内容

昭陽の主著の一つである『読弁道』は、徂徠の『弁道』を一つひとつ丁寧に読み込んでいき、徂徠の学問について触れたものである。

その前にやや横道ともなるが、徂徠について簡単に述べておきたい。

三・二・一　荻生徂徠の略伝

荻生徂徠（一六六六～一七二八）は江戸中期の儒学者で、徳川綱吉（一六四六～一七〇九）に仕えた侍医の次男として江戸に生まれた。十二歳で林羅山《はやしらざん》（一五八三～一六五七）の第三子である林鵞峰《がほう》（一六一八～八〇、名は春勝、字は子和）の門に入ったが、十四歳の時には父方庵《ほうあん》とともに上総《かずさ》（千葉県）の本納村（現茂原市《もばらし》）に追われている。病弱で貧窮の中にあっても刻苦勉励、独学で学問に励んだ。羅山の『大学諺解』を熟読することで古典全般にわたって眼を開いた。二十五歳の時、父が許されて江戸に戻ったものの、生活は苦しいものであった。逸話があるが、その貧しさを見かねた近所の豆腐屋夫婦からおからをもらい飢えを凌いだといわれる。その後、芝の増上寺の門前に私塾を開き、貧しいながらも学問に励み、しだいに評判を高めていった。この頃、伊藤仁斎（一六二七～一七〇五）に教えを請うために手紙を出している（すでに仁斎は亡くなっていたので返信は受け取っていない）。三十一歳、父が幕臣に登用されたこともあって、徂徠は将軍の側用人を務めていた柳沢吉保（一六五八～一七一四）に「用に立つべき者なり」として仕えることとなり、為政者の道を講じたという。

その頃、著名な赤穂浪士による吉良家への討ち入り事件が起こり、その措置をめぐって同じく儒者である室鳩巣《むろきゅうそう》（一六五八～一七三四）と論争している。「徂徠擬律書」という意見書を提出し、道徳と法の区別を論じ、赤穂浪士の行動は「公」の法に違反しているのであり、私闘を禁じている法の立場を犯すもので、四十七名は私党にすぎない、としている。その上で、忠義でもあることから「侍の礼」として切腹を命じるべきだ、と説いた。

この頃から明代の詩人である李攀竜《りはん》（龍《りょう》、字は李于鱗。一五一四～七〇）や王世貞《おうせいてい》（一五二九～九三、李攀竜とともに盛唐の詩の復古運動を展開した人物）の詩集に接することで深い影響を受けた。四十歳頃からは朱子学を捨てて、古文辞学の研究へと進んでおり、李・王の復古運動は古文辞ではあっても文学上のことなので、徂徠は、この運動を経学上の復古運動と位置づけて発展させようとした。朱子も仁斎も「古言を知らず」と批判していき、さらには「華音華語」（唐音）を重視して、中国語の音声やリズムによって中国古典の実証的な研究を進めている（ちなみに昭陽が僧一圭から唐音での朗読を聴き、感銘を受けていることが想起される）。そうした中、「六経」である「易経」、「詩経」、「礼記」、「楽経」、「春秋」を読解する際には、後代の註釈を用いずに古文辞の知識でもって直接に周公や孔子の精神に迫らなければならないとする（この立場こそ古学派といわれる所以である）。

将軍綱吉の死去にともない柳沢吉保も引退したために、徂徠も柳沢から去って、日本橋の茅場町に居を移した。蘐園《けんえん》塾を開き、一派を形成していくのである。これから見ていこうとする『弁道』をはじめとして『論語徴』、『弁名』、『政談』など多くの著作がある。少なくとも政治や経済、さらには法制等々にも大きな影響を与えているし、多くの徂徠学派を生み出していく。

三・二・二　徂徠学の概要

一般的には、山鹿素行（一六二二～八五）は古学、伊藤仁斎は古義学といわれ、徂徠は古文辞学として分類される。いずれも朱子学の教理を批判することで、直接に周公・孔子の道を求め、仁斎は『論語』、『孟子』のもともとの意味、古義を究明していくことを提唱した。

徂徠は、その古学の立場をさらに徹底したかたちで中国古代の古文辞（文章・言語）でもって、前述したように李・王が盛唐の詩文を解明した方法を参考にすることで、儒学の古典に応用しようとした。徂徠は孔子が学んだとされる「六経」に遡り、六経には事《わざ》（制度）、辞《ことば》（言語）、法《のり》（道）が具わっているとし、道（真理）は「事」を語る文辞（言語）に示されていると考えた。徂徠は次のような趣旨内容を『答問書』で述べている。それは、文章や字の意味も、時代に従って変化するところを注意すべきなのに、後世の儒学者は古文の正しい字義に拠らずに、自分の好みでもって勝手な読み方ばかりしている。その結果、朱子のように道徳は尊く、文章は卑しいことと思い込んでしまい、文章を軽視したため、以上のことに気づかず、そのため古の聖人の道を教える方法がはっきりとわからず、自己流の知識や見識でもって聖人の意図を理解しようとし、体得してきたために、みなすべてが自己流となっていると言うのである。つまり、「道」はその時代に書かれた文章で残っているため、その文章を理解するには自分の考えをまじえないで、その時代の言葉で明らかにしていくことこそ正しい理解ができるとする。こうした方法をして初めて聖人の「道」というものを明らかにすることができ、聖人の治術（技術）を学ぶことができるというものである、と考えている。

では、聖人の道とはどのようなものなのだろうか。それは「先王の道」である。先王とは中国古代の聖人で、夏王朝の祖というべき堯《ぎょう》・舜《しゅん》・禹《う》であり、殷の祖である湯《とう》王、周の文王・武王・周公とされる。これら先王が「安天下（天下を安んずる）」を目的として造り上げたのが道である。これは天地自然の道ではなく、民の衣食住を充足させ、安定を保つものでなければならず、政治の具体的な方法であり治術でなければならない。六経に記されている「礼楽刑政」つまり人倫の規範としての儀礼（礼）・音楽（楽）・刑罰（刑）・政治（政）という社会制度や政治の技術などの具体的な事実である。それらは高尚なものではなく、人によってつくられ考案されたものである。

聖人の道が先王の道であるのだが、江戸期を支えた社会秩序についてはどのように考えるのだろうか。身分や職分は区別されていたし、林羅山の説く身分秩序は、天地自然に天と地の差があると同様に「上下定分の理」によって厳然として肯定された。徂徠は、この身分秩序を民生安定のために聖人が決定したものだとする。士農工商のどれ一つが欠けたとしても社会は成立しない。互いに助け合い、共同で営んでいるもので、すべての人が、人君（君主）が民の父母となるのを助ける役人である必要があるとする、万人役人論を展開するのであった。しかも、人間は社会を形成していく集合体としての存在であるため、それぞれ個々の人間を育てていくようにしなければならないとする。例えば、米は豆になることはできないし、豆は米にはならない。米は米、豆は豆として役立つもので気質も変化することはない。生まれついての気質を養い育てて、それぞれの持つ特性を十分に発揮させるようにすることが学問の目的である。小は小として活かし、大は大として活かすように、個性が発揮できるようにすることこそ政治の要諦・役割だとし、政治としての「安天下」を実現し、経世済民こそが儒学の本来の目的であるとする。

為政者に求められるものは、修身斉家治国平天下といわれるように修身からしだいに平天下となるようにしなければならないもので、徂徠は「たとえどれほど自己の身心を修めたとしても、下々の苦しみを自らの苦しみとして世話をする心がなかったり、国家を治める道を知らなかったならば、何の益もない」(『答問書』)と述べている。これはある意味で政治に求める道徳や政治制度、政治の運営と、個人が修めようとする道徳とを切り離して考えなければならない、とするものではないだろうか。従来のように個人道徳としての修養が重要で、社会秩序の維持のための道徳を中心にした儒学思想とは一線を画しているように思われる。ある意味で、政治思想に近い内容が唱えられていると言えるのではないだろうか。

言えることは、南冥や昭陽にもそれぞれ徂徠同様に政治論が展開されているものがあるが、これこそ徂徠学の継承と考えられなくもない。

三・二・三　徂徠の思想と『読弁道』

徂徠学の系統にあるとは述べたものの、昭陽が『家学小言』で述べていることをどのように解釈したらよいだろうか。『家学小言』と『読弁道』ともに、やや徂徠の学問への疑問、あるいは疑問だけでなく、厳しいほどの批判が展開されているとも言えなくもない。『家学小言』では「古言を以て古義を徴するは、物氏これを得、然るにその徴するところは鹵莽《ろもう》（粗略なこと）多く、誣《ふ》（そしりないがしろにする）多し。牽合固滞（自分の側に引き寄せ合わせる）多く、その才識堂々たれども、文理密察なること少なきに因るなり」（第二十章）と述べている。昭陽は徂徠の学問方法をもって、徂徠の系統であるとともに、新たな学問としての亀井学（亀門学）を形成しようとしているのかもしれない。

まずは、『読弁道』の内容を逐次的に見ていくことにしよう。

『読弁道』は二十五則あり、それは徂徠の『弁道』と対応しているのであり、それぞれ引用をしながら（引用がないものもある）、それらを中心に自らの考えが付されているので、それぞれの則（章あるいは段落）に即しつつ、徂徠の主張と昭陽の主張とを簡単に比較することにしたい。

序・第一則

「序」にあたる部分では、物子《ぶつし》（物茂卿《もけい》）つまり徂徠の学問は非常に大きいものがあり、さらに「弁道首則」（第一則）では老子の道は聖人の道ではないとするのを引用している。なかでも「六経」に触れた部分から「余、案ずるに立言の道は、是のごとく、鹵莽なる可からず。人に示すに鹵莽を以てすれば、人も亦た鹵莽、以てこれを議す。辞を慎しまんかな」と述べている。

第二則

ここは短いもので、徂徠の先王の道は安天下であり、仁であるとする点に南冥の『論語語由』に従った仁の解釈を踏襲している。

第三則・第四則・第五則・第六則

礼楽刑政の内容を踏まえ、徂徠の『弁道』、『弁名』、『論語徴』、『文集』、『政談』の書を読むことの大切さが説かれている。また、先王の道こそ聖人の道であることに触れながら、徂徠の読みすぎに対する批判めいた内容が記されている。しかも、徂徠が仁斎の考えを批判したが、そうした中にあって「所謂道とは、また意を以てこれを為さざるを得ず。物氏の徒、蕩然《とうぜん》（なすがままに）として玄冠縞武《げんかんこうぶ》（放逐して正しいものに従わない）の子多し。此れその蔽、自つて来たるあり。蒙士（無知の人）、これを戒めよ」とする。

第七則

徂徠が天命を敬することが仁の一端としている点に対して、そうした面があるものの、それだけが孔子の考えでないとする。徂徠のこの第七則全体はやや政治論に近い内容で、仁斎や墨子に対しても批判を向け、孟子の仁愛の政治を主張している。昭陽はそれには触れていないものの、それらは孔子の考えではなく、孔子は何も述べていない、と考えている。

第八則・第九則

徂徠は、「仁」は聖人の偉大な徳であるが、仁義礼智は孟子の主張であり、後に唱えられたものであるとする。さらに、仁とは養うの道であると説いているが、それらを昭陽は踏まえ、内容を敷衍して詳述するような内容となっている。つまり、孔子の道こそ大きいものがある、と説いている。

第十則

徂徠が説く先王の道は安天下にあること、そして後世の者はこれを受け継いできた。封建制を郡県制に改めたために、先王のたてた道は実のないものになった、という言説を支持する。歴史に注目し、しかも朱子に対する批判を掲げており、徂徠の政治論を踏襲する内容となっている。「独り余、区区の志を苞《つつ》んで、物子の封建を説くを観、偶爾《ぐうじ》（思いがけない）にして感発せるなり。且つ余の物子を崇むる、朱子より優れるは、亦た唯是れを以てのみ。然れども果敢にして窒《ふさ》がるは、物子の性の弊なり。故にその言、害多く、その人、暴多し。此れ物氏の世に詬厲《こうれい》（そしり悪口を言う）せらるる所以なり。此れ余の是の書を編む所以なり」と述べている。

第十一則

この箇所はやや長いのであるが、要は徂徠が「大いなる者」を見失うことなく、「聖人の道は含容広大」としているのであり、しかしながら『論語語由』を引用し、徂徠の誤りを指摘している点に注目することができる。しかも、「夫れ物子は典謨《てんぼ》を疎《うとん》じ、未だ審に堯の鯀《こん》を用ふる所以を考えず」と述べ、徂徠が「書経」などへの考証が乏しいことを指摘している。

第十二則・第十三則・第十四則

十二則は、徳をみがく方法は、大いなるものを確立して、小さいものが自然に成就するようにすることを述べた箇所を引用し、その大切さを敷衍している。十三則では、最初に述べている箇所、つまり生まれつきの性質を重視したのは老荘であるとする点に、その後に孟子や荀子の性善説・性悪説を説いたとする見解は正しいとし、しかも徂徠は孟子より大であると評価している。しかしながら、十三則で徂徠は欧陽脩（一〇〇七〜七二、北宋の学者で唐宋八大家の一人、古文の復興の先駆者）を評価しているが、昭陽はそのことには触れていない。十四則は、気質は天与の性質で、孔子門下で弟子を教育するのも、それぞれの才能に応じて育成したとの趣旨であるが、これらを敷衍してかなり多くの有名な人々（孟子・荀子をはじめ董仲舒、司馬遷、朱子、王陽明、伊藤仁斎等々）から学んだ徂徠の学を論じている。

第十五則・第十六則・第十七則

孟子の遊説方法や先王の教え、礼楽等々を述べた徂徠を踏襲した内容になっており、「仁は博愛なり。而して博愛、豈に尽く仁ならんや。礼楽、寔《まこと》に文なり。而して文、豈に礼楽のみならんや」(第十七則)と述べている。

第十八則・第十九則・第二十則・第二十一則

いずれも『弁道』の引用があるものと、第二十一則は引用などしていないものの、古典籍を中心に徂徠の言説を裏づけているようである。

第二十二則・第二十三則

やや長いものであるが、六カ所の引用があり、それらは徂徠の方法に対する疑問というより、批判的な内容になっている。「廑廑《きんきん》(わずかに)二南、以て詩を尽くす可けんや。噫《ああ》、物子、過てり」(第二十二則)とか、「物子は序を信ぜず、故に関雎《かんしょ》(「詩経」の篇名)の序に於ける、亦た蒙耳《もうじ》(耳を覆い聴かないこと)の如くなるのみ」(同上)と述べることで、徂徠の探究が今少し足りない点を述べていると言える。したがって、徂徠への批判と考えられなくもない。しかも、「仁は自ら仁。説は『語由』に具はる」（第二十三則）とも言う。

第二十四則

ここでは、語句解釈が中心になっているようで、「元亨利貞《げんこうりてい》」（この語句は『周易本義』にあり、徂徠の著書である『弁名』下において詳述されている）、「明徳」、「人倫」、「格物致知」、「敬」、「克己」等々の解釈をめぐって検討されている。徂徠の解釈に対しての疑義であり、徂徠の『大学解』、『弁名』の解釈を採らないと述べている。中でも、「敬」をめぐる議論では、「天を敬するを本と為す」に対しては、徂徠が、敬君・敬民・敬身とするのは敬天からきたもので、まさに誤りだとしている（蛇足ともなるが、「敬」の解釈は林羅山をはじめ、山崎闇斎などの解釈、さらには中江藤樹の説く内容など様々に違いがあることを考慮しておかなければならない）。中井積善（一七三〇～一八〇四、中井竹山、大坂懐徳堂の四代学主となった儒者）まで持ち出し、「その言、虣《ぼう》（暴と同じで、荒っぽいこと）なりと雖も、独り積善の虣ならざるのみ」とまで述べている。

第二十五則

「今の学者は、当に古言（古文）を識るを以て要と為すべし」を引用して、徂徠の学問である古文辞について、まさに古文を学ぶことは正しいにしても、そこにはまた注意した上での学びが必要だとしている。「文辞亦た皤如《は（ん）じょ》（白いさま）として、観る可きなし。惜しいかな」と述べ、「是れまた物子の書、舛錯《せんさく》（物事が反対になり乱れている）多き所以なり。すなわち余の重く惜しむ所なり」というのである。だからこそ、その梗概ともいうべき注釈書を著し、皆で論じてほしいとするのであった。

以上で、『読弁道』の一端を見たのであるが、父南冥の『論語語由』に従いながら、しかも徂徠学の特徴である古文辞学について、昭陽は学問としての不足を感じたのであろうか、やや厳しいまでの批判が述べられていると言ってもよいだろう。

そこで次に、家学としての亀井学の一端を『家学小言』から見ていくことにしたい。

三・三――『家学小言』に見る学問

一八二四（文政七）年に、昭陽宅に僧一圭が訪問したことは、亀井塾にとって重要な出来事であった。その間に、僧一圭のために著したのが、亀井一門の学問を記した『家学小言』にほかならない。同年八月十三日から二十四日の間に執筆が開始されて、わずか十日間ほどで仕上げている著作である（『空石日記』巻十八）。大部ではないが、南冥の『論語語由』や徂徠の学問などが述べられている。全部で三十三章から成っているので、章を少しばかり追いながら、学問の一端を見ていくことにしよう。

第一章の最初には、次のような内容を見ることができる。それは亀井の学問の要点であることを述べた内容になっている（二・二参照）。

我が王考は晩年にして学に志す。諸儒みな宋儒なり。王考信ぜず。物氏の書を得て、悦びて曰く、君子の学はここに在り、と。王考は方正厳格にして宏度《こうど》汪汪《おうおう》（寛容で心が広いこと）たり。儒者の曲弁多きを悪《にく》み、以てその本を失うと為す。（略）その遺訓に曰く、務めて大義を明らかにし、これを行実（行ってきたこと）に施せ、と。物氏没せし時、王考年二十五にして後、二十九年を閲して、甘露潮公（父南冥の師である大潮のこと）の物氏に親炙《しんしゃ》（親しく接することで感化を受ける）すと聞く。先考（父南冥）を以てこれに託す。先考甫《はじ》めて十四、知命の年に及びて論語語由成る。余の不肖を以てこれを観るに、先考の門人小子に示す。

論隲《ろんしつ》（論理がしっかりしている）するところ、寔《まこと》に百世の格言なり。今その要を略し、以て伝述は聖人の任なり。仲尼（孔子のこと）に終始して、万世に通行す。辟《たと》えば天地の如《ごと》く、其れ副《そえ》る者有らんや。人の孟子を躋《もちあげ》て論語に配する者は、未だ仲尼の宇宙の一人たるを知らざる者なり。況《いわんや》簧鼓《こうこ》（笛鼓を鳴らすことから、出まかせを言うこと）して以て前聖の未だ発せざるものを発すと為すものは、聖人に遜《へりくだ》らずこと、これより甚だしきものは莫《な》し。仲尼すでに伝述を以て自ら任じて、言を言い、語を語り尽くせる。何ぞ未だ発せざることとこれ有らん。（略）

孔子は弟子たちに述べ伝えることであらゆる教えをなしたと言っており、ことさら孟子を重視することはない、と述べているようである。ということは、やはり儒家の祖である孔子こそが一番大切だとしている。

つづいて、父南冥及び昭陽の学問はすべて『論語』にあって、さらに南冥の『論語語由』に依拠することが、「語由は聖語の由つて出ずる所を明らかにするなり」（第三章）にあることが述べられている。
そして、第五章の初めの部分では、次のように述べている。

先考、不肖に謂いて曰く、孔門は人物の府なり。人は宜しく其の聖訓を以て己が訓《おしえ》と為すべきなり、と。（略）不肖因りて問う、大人は孔門の何人に比するや、と。先考笑いて曰く、我豈敢えてせんや、必ずや子張か、と。

この言説は、子張と南冥が似ていることを言っているのであろう。確かに『論語』には多くの門人が登場するが、性格までが南冥と同じと述べているようである。
さらに、学問という立場から孟子にまで言及し、「孟子は一概の説を為し、宋儒に至つて、学問遂に死物と為る。其世を問わずして以て個人を論じ、其才を問わずして以て弟子を絞る」（第七章）と言い、孟子の限界とも言うべき内容とその後の宋儒への批判が見られる。第八章では、孔子の弟子たちの方が孟子より学徳が高いと述べている。「張貢游夏（孔子の弟子たちで、子張・子貢・子游・子夏らのこと）は論語に在りては則ち弟子の列なり。孟子の其の書に在りては乃ち南面して立つ。（略）その学徳、孟子より賢にして、及ばざること無きなり」

と言うのであって、かなり厳しい批判と取れなくもない。

その後、しだいに徂徠に対する考え方が展開されていくことになる（第十七章）。

漢儒曰く、道の大原は天より出る。物氏曰く、非なり。礼楽刑政を離れて別に所謂道なる者有らざるなり。並びに孔門の言わざるところなり。天叙、天秩、下民に降衷す（天の定めた法や礼を地上において秩序づけ、天よりまごころを下し与える）。誰か天よりに非ずと曰うか。聖人有りてより道の名立つ。誰か制作に非ず曰うか。また各其の一端を言うのみ。礼楽刑政、道は其の中に在り。然るにこれを外にすれば則ち無きなり。失論と謂うべきか。

「天」の意義が強調され、徂徠の解釈との違いを述べていると考えられる。とは言うものの、「物氏曰く、先王の道は、物を以てし、理を以てせず、これを得たる」（第十八章）と述べ、さらに「古言を以て古義を徴するは、物氏これを得たり」（第二十章）と言い、「物氏は多く古義を漢儒に徴するも、またこれを得たり」（第二十一章）と述べている点では徂徠に従ってもいると言える。

そこから、昭陽自らの学問は経学の研究であることを述べる。なぜなら、昭陽には『周易僣考』、『左伝纉《さん》考』、『礼記抄説』があり、「余の畢生の力を詩書に用いるは、なお先考の論語に於けるがごとし」（第二十五章）とあることから理解できる。

第三十章には、朱子学と徂徠学が比較されている。

故に朱氏の風は士庶（一般の人々）に宜し。其の過ち寡きを以てなり。以てこれを君大夫に施すは、取捨無きにあらず。物氏の風は君大夫に宜し。其の人才を器用するを以てなり。これを青衿《せいきん》（学生）に施せば、取捨無きにあらず。これ二氏の大分なり。然れども達識（すぐれた見識・達見）にして度量ある者に非ざれば、物氏を知る能わず、其の言に疎暴（乱暴で粗雑）多ければなり。

朱子学でもって庶民を教育したならば、礼儀作法を守り誤りが少ないであろうし、徂徠学では度量をもって実践することで国を豊かにすることができる、と言うのであろう。

亀井家の学問について、その要点と言えるものが第三十一章に見られる。「子曰く、忠信を主とす。而るに宋儒別に主敬の説を創る」と述べ、「主敬の忠信を主とするに如かざること固《もと》よりなり。故に我が門多少の条目を設けず。百事、忠信を主とするを以て教えと為す。唯この三字終身これを用いて余り有り。吉凶賢頑《けんがん》の別はこれより出ず」とするのであるから、『論語』の中の「忠信」こそが、昭陽だけでなく、亀井学と言えるのではないだろうか。「忠」はまごころであり、「信」は信用・信頼という意味からすれば、内面的な心と人としての誠意を尽くすことの大切さを説いた内容と言える（二・二参照）。

さて、最後の「題家学小言後」では、次のように述べている。

小言は、我、一圭禅師の為に遽然《きょぜん》として（突然として）起草せし所なり。物氏の所謂崎陽の学は、我、未だ妙慣、師のごときを見ざるなり。昔、我が祖考並びに人の異能有るを欣《よろこぶ》。先考をしてこの人を見しめざる。我、憾《うらみ》を遺すところ無し。家学は先考の遺せしところ、故に聊《いささ》かこれを書き、以て其の我が党を啓発せしに報い、且つ以て自ら洩らすのみ。

こう述べることで、僧一圭の学識を知るとともに、そこに触発された者として今後のためもあって書き記したのであろう。父南冥が大潮に倣ったことまでが述べられている点からしても、亀井学の要点が示されている一書である。

三・四──和文の「防海微言」

昭陽の著作のすべてが漢文で書かれていたと思っていたが、高野江基太郎の「亀井南冥、昭陽と、青木興勝」(『筑紫史談』第三集、一九一四年)には、昭陽の「防海微言」があり、仮名まじり文として珍しく、海防に関する議論が全文として掲載されている。『亀井南冥・昭陽全集』には収録されていないが、これが昭陽の著作の一つであれば、大いに有意義なものと考えられる(なお、荒木見悟の著書及び『福岡県史 通史編 福岡藩文化(上)』には未刊として著作目録に挙げられている)。

というのも、昭陽には『成国治要』という国家・政治等々を論じた書がある。巻の上中下となっており、全体で十二篇において治世の必要性が説かれているものである。これは儒学の立場から治国のあり方を論じたものと言ってよい。それと軌を一にするのだろうか、「海防策」とも言える文章があるのを知り、ここに全文を記すことで、その内容の示すところを考えてみたい。

そこで、昭陽が生きた時代を外国との関係で見てみよう。昭陽自身に直接関係なくとも、諸外国との関係がわかるのではないか。

一七九〇年の寛政異学の禁が発せられた以後だけではあるが、日本近海における諸外国の動向を簡単に見ておこう。

一七九二（寛政四）年、ロシア使節のラクスマンが根室に大黒屋光太夫・磯吉を連れて来航している。翌年、幕府は沿岸警備を厳重にすることを命令する。一七九六（寛政八）年、イギリス人のプロートンが室蘭沿岸を翌年にかけて測量した。つづいて、一七九七（寛政九）年にはロシア人が択捉島に上陸。日本人も択捉島を探査し、幕府は東蝦夷地を直轄領にするなど、北海道周辺が慌ただしい状況となっている。一八〇〇（寛政十二）年から伊能忠敬（一七四五～一八一八）が幕命によって蝦夷地の測量を開始した。一八〇三（享和三）年にはアメリカ船が長崎に来航し、通商を要求する。翌一八〇四（文化元）年にはロシア使節レザノフが長崎に来航して通商を要求。ロシアとの緊張が続くことになる。一八〇八（文化五）年には間宮林蔵（一七七五～一八四四）が樺太を探検しいる。同年八月には長崎でフェートン号事件が勃発した。一八一一（文化八）年にはロシア軍艦の艦長ゴローウニンが国後島で捕らえられている。その後、一八一六（文化十三）年から一八一八（文政元）年にかけてイギリス船が琉球、浦賀、さらにイギリス人ゴルドンは浦賀に来航して通商を求めている。一八二四（文政七）年にはイギリスの捕鯨船員が薪水を求めて常陸大津浜に上陸し、同年には同じくイギリスの捕鯨船員が薩摩宝島に上陸した。翌一八二五（文政八）年、幕府は異国船打払令を出し、沿岸警備とともに、外国船の即時撃退を命令している。一八二八（文政十一）年にはシーボルト事件が勃発し、翌年にはシーボルトは国外追放されている。

ざっと見たものの、これだけの外国との関係があるため、昭陽のこの一篇の書は、かなり重要な意味があると言えるのではないだろうか。以下、全文を掲載するが、『筑紫史談』に掲載されているものをそのまま載せ、高野江も述べているが、写本のようなので字句において間違いではないかと思われる箇所がある（高野江では△の印がつけられており、それを踏まえている。なお、一部の字句で今日使用されていないものについては読み替えをしておく）。

夫れ物萌《きざし》なきはなし。禍害の生ずるも必其の萌しあり、智者は早く其の萌しを悟りて予め止む、故に稠大なるに至らず、譬へば蔓草《つるくさ》の道路に満つるも、其の萌しは纔《わずか》に一葉なり、之を早く除けば摘ても去るべし。其の蔓はびこるに至りては、力を尽し苅り棄てても根本まではたやすく除きかたし、故に国を治め天下を平にし、万民其の処を得せしめんと、明君賢相は必事の機微を慎む、舜典に舜の政事に勤労せしを、一日万機と云へり、後世に万機の政と云へるは、只政事多端の常言なれども左にはなし、宇宙の大なる四海の広き、中国四夷のことまでも日々朝政に預り、纔繆《さいびゅう》（わずかにたばねる）事あれば、民心を失ひ禍害を醸す、機の幾はくと云ふことを知らず、事破るるに至つては、之を救ふこと難し、故に舜のことの機の慎たる也、易にも聖人の徳を賛して知機其神乎と云へり、機幾みな少しき也、偖《さて》今や明君上に在し、俊傑朝に満ち、徳澤万民に遍く、四海昇平の化を楽むと雖、一治一乱は天理の自然なり、豈意外のことを数百歳の前に慮らざるべけんや、窃に思ふに近来北虜しばしば海岸を窺ふ、是れ犬羊の類にして、堂々たる神明の皇統、何ぞ彼を患ふるに足らんや、左れど予が如き愚慮には少しく患ふべきことあり、今予罪を得て閑居し、恐慎にたえず、風月の外、人事に於ては、毫も発言することなし、左れど事国家に関せんとするに於ては、区々の私情に堪えず、之を幽窓に独語すること左の如し。

　夫れ虜の屢海岸を窺ふ、之に応ずるの策如何とはるかに、益防禦と交易を許すとの二端に過ぎず、其の二端時に古今の異あり、勢に強弱の異るあり、古へを以て今を論じがたし、試みに交易の得失を云はんに、有無を交通するは、古へ聖代の人民の為めに、産を制し、国用を定むるの一端にて、我が余る処を以て彼れが無き処にかへ、各其の便を得て、互に損失することなし、是は民生日用の品を交易すること也。然るに変夷の国に産する処の品、多くは珍禽奇獣奇技淫巧の類にして、之を得ても民生に関るにあらず、却て朝野奢侈を開くの害を為せり、且つ我有用の財を以て、無用の品にかへ、其の品を以て、他国有用の貨に縛め、交通するならば猶可ならん。さはなくとも我国内にて転換すれば、利を得るものありと雖、畢竟一国の損失は免れがたし、たとへば一家の内にて、家長菓を買得て、其の児子菓の大小を争ひ、其の大なるを取るを利を得たりと心得るが如し。一児利を得るとも本は一家の損失なり、其の愚明かならずや。漢土の事、古るきことは姑《しばら》く置き、明の中葉に至り、太平の余り、時の天子遠大を好み、諸番（蕃？）へ内使を廻はし、誘て入貢せしむ、其の貢する所は、無用の品にして、中国有用の財を費し、衰弊《すいへい》（衰えていき世が乱れる）の端を為せり。是より以前に、四夷の事、委しくは分れざりしに、此頃より其の事もひらき、或は入て内臣たるものもあり、是にて文明の化と思ふは間違にて、中国の虚実を知られ、蕃夷窺覦《きゆ》（のぞきうかがい、ひそかに分不相応を願う）の情を開きたり、其の入貢と云ふも、実は交易の利を貪つて来る故、よからぬことも多し。其頃我が足利氏より聘使を発したりしも、矢張利の為めに遺りしこと故、使者利を争て争闘し、剰へ與せしことなどもありては、奸民海辺を乱りて、明室滅亡の一端を為したり、之を本記には、聖代の徳を慕ひ来る如く、表向の書法に、何の国入貢と書したれども、名実は叶はずと思はる、是れ諸蕃と交易するは、無用のみならず、大害を招く近き覆車《ふくしや》の戒にて、古へ民の為めにする交易と、後世無用の交易と、古今異同の大略を知るべし、偖我朝のことも、又古るきことは姑く置き、近く当御代のことを云はんに、幕府の御代の始めは、諸蕃も多く入津し、又商船も、外国に交易するを、其ふじに許し玉ふ、然るに西洋の天主教を禁じ玉ふに依て、漢土阿蘭の外は、一切に入津を禁じたまふ、是れ天主教の禍乱を忌み玉ふ故とばかり、後人心得たれども左にあらず、『諸蕃入貢の虚名を以て、無用の品を贈て、有用の賄にかへ費すを厭ひ玉ひし由』、好し漢土阿蘭の品は、我求る所なりとはいへ、本とするは文藉と薬品とにあり、文藉は治国の宝、薬品は民の司命にて、無用の貨の類に非ず、且つ和蘭の如きは万国風説を言上する任あれば、余儀なきことなり、諸蕃の如きは、入貢と偽り、虚実を窺ひ、国勢盛なれば服従し、衰へたるときは其の為ところ量るべからず、神祖の深慮数百歳の後を計り玉ひしに因て、天主教乱を為すを辞とし、諸蕃を謝絶し玉ひしものにて、後世を量らせ玉ふこと、実に貽其孫謀至深遠と申し奉るべし、かの天主教の如きは、其の浅慮小児の戯の如し、一時愚民之をかりて乱を煽くのみにて、弘法ほどの奥妙、人を溺すの十か一にも比すること能はず、必しも深く患るに足らず、全く天主教を忌み、諸蕃を絶ち玉ふと心得るは、無識の徒にて、神祖の深慮をはかり奉ること能はんや、且つ今北虜の交易を乞ふと云ふは、以前の交易とも、人一層異なり、其実は交易を願ふといふは名目にて、勢を以て恐喝して、我国を奪ふに在り、宋の時、遼金一歳幣を贈りしと同日の談にて、交易といふは表向の名目なり、国体を辱しむること深く耻づるに堪えたり、然れば交易を許すことは万々不可なること知るべし。

近来豊饒打過ぎ、米価賤きにより、外国へ贈らば、価騰貴して宜からんと云ふは俗論なり、万一凶年あらんに、貯蓄なくしては、一時に困むこと有らん、併し豊年にて四民却つて窮すると云ふも、是亦時勢の一変なり、夫故清朝なども、矢張り豊年続きて民窮することは、願△（顧）炎武（明末清初の中国の考証学者）が説などあり、其の詳なること、別に論ぜんとす、依つて此端にはもらしつ。

扨交易を許さざれば、彼ただに止まんや、愈沿海をひたりて、我国を困めんとすべし、勢此に至れば我応する策は、守御を厳にするより外はあらじ、今守御の得失概略を云んに、是亦古とは形勢大に変ぜり、古は海中の路程定りありて、無事に入津するときは、勿論のこと、兵を起して戦艦に向ふるにも、定まれる場所あり、弘安の役、胡元許多の舟師を発し、一挙して日本を席捲せんとせり、然るに舟師を八方に分つて、海辺の緊要を扼し、我をして首尾応接すること能はざらしめば、之を防ぐこと甚難し、胡元謀将豈之を知らざらんや、此時海路の事未熟の時ゆえ、博多え(?)ばかり大軍を寄せたるなり、我も博多斗りを防ぐと心得、日本大半の兵を一ヶ所へ集めたり。然れば颶風《ぐふう》(暴風雨、台風)舟を覆すことあらずとも、一時に勝敗を決する迄にはなるべし、此後明朝に至り、運河を開てより、段々海運のことも委しくなれり、故に豊臣太閤文禄の役に、明人上書して思へらく、元の日本を攻むるとき、颶風にて戦艦覆没せしは、海上のことに暗らければなり、今は海運鍛練なれば、颶風に遭ひたればとて覆没の患なし、当時舟師を起し、日本の空虚を衝かは、朝鮮へ出張の兵は、戦はずして敗ると云へり、是れ彼れが良策にして、この策を用ひなば、由々しき日本の大事なり、是海上の事、彼れ古は疎にして、今は委し、防御するに難きを知るべし、尚更其後万国世界大に開け、諸蕃の通船自在を得たり、北虜の如き、諸国交易を営むものは、海を以て家とし、地図里程に暗練し、諸国の要害を知らさるものなし、是れ古今形勢の一変也。大兵を起し、国を奪はんとするに、一ヶ所許りを目当にして師を起し、是に応ずるにも、一処を防ぎてすむと心得しは、彼も一時なり。沿海四隅虜船至らざる処なきに至るも、是れも一時なり、弘く国を保つものは、機に因つて変を制し、時に従つて宜を為すにあり、祖宗の法一定して、改めましきは固よりなれども、古今にて形勢（一字欠）変すれば、時によりて損益すべき箇条も有るべし、彼形勢一変するに、我旧制を守つて変せぬは、是船に刻して弦に膠するに類なるべし、彼国を傾けて一所に来るが如きは、之を防ぐこと難きに似たりと雖却つて易し、前に云ふ如く一時勝敗を決することなればなり、我心に於て洶々《きょうきょう》（波さかまうさま）の惧《おそ》るることを知れば、心一致し易し、我心一致すれば、之を駆つて敵に赴むくこと易し、今の如きは、虜狡猾にして、傾国大兵を起し、一時に戦ふて遂ることはなさず、時々沿海に出没して、ただに民心を疑惑せしむ、民心疑惑し、之に慣れて恐ことを知らず、恐れざれば一致することなし、一致せざれば、事あるときに駈て戦に赴むき難し、虜情は民心を疑惑して、恐るることを知らしめず、且沿海を騒擾して、時に防兵を出さしめ、甲兵を費すことなく、数歳の後に、我財力を破り、国用屈竭《くつけつ》して、事を生せしめ、坐ながら全く勝ことをせんの策也、然ば之に応ずる策なくんばあるべからず、是に応ずる策は、防御騒擾に至らず、吾財を費さず、逸して労を待つにあり、為方は十二ほども有るべきなれど、第一とすることは、屯田に若くはなし、祖宗の法にはなしと雖、今にあつては、設けずんばあるべからず、沿海の国々には、総べて防御の兵を分つて、海辺に田宅を与へて永住とし、常に軍陣に慣れしめ、進退駆引を教へ、或は火術を試み、海内を煉し、其間には、己れが田を耕し、漁獵をも為さば、人々其の都下に居よりは、我経営にも便を得て、家乏しきことなく、格別の手あらなくとも、後々軍用も事足るに至りて、俄に番兵を発するは事紛冗に至るのみにて、急に応ずるに足らず、況や平地の駆引と違ひ、海辺になれずしては、中々船中の働は出来まじきなり、兼て調練せずんばあるべからず、屯田の節目委曲なることは其の国に依りて、便宜の為方あるべし、是は事を採るものの処置にあり、一々云ふにも及ばじ、是には但我財を費さす、逸を以て労を得る為方の一端を云ふのみなり。

屯田の事は、文献通考、大学衍義等に委し、就て其の得失を考ふべし。但し漢土には、土地続き、辺塞の防ぎに用ゆ、今一変して海防に用んとするには、能く考へて、事宜を斟酌あるべき也、又兵将四得のことなき愚論あれども、必しも海防ばかりに限ることに非ず、故に此編にはもらしつ。

右予が述る処は、形勢の大勢なり、古今此等のことは書生分内の変故、其概略のみにて、古に泥みては、変に応ずること難し、日本外国古今の形勢を詳にし、機事不発の前に変を制すべしと云ふ鄙意《ひい》を述ぶるのみにて、処置の詳なるに至りては、軍国の大事、吾輩の云へきこと非ず、故に極論せず、但し古今形勢の上にて、今一層の説あり、其の大略を云んに、古へ華夷の弁あり、中華より夷狄をば禽獣の如くにしたり、然るに胡元、宋に代り、清朝、明朝を奪ふに至つて、先王の礼制実は亡びて、華夷の弁、天壌の間につきたり、殊に明朝隆方国大に開け、又古の夷狄に非ず、天下の勢譬へば春秋の末、中国の内を列国碁峙《ごじ》して、互に長を争ふが如し、春秋の時、杞、宋の如きは、夏殷の裔、楚の如きは荊蛮《けいばん》（中国河南に住む野蛮人）なれども、勢を以ては、杞宋は楚と比肩すること能はず、今六大洲の姿これに同じ、日本の如きは、赫々たる神明の皇統、光華明彩六合に照徹ましまし、古より帝と称し玉ひ、諸蕃に異なりと雖、今や時勢一変して、華夷の分也、勢の強弱を争ふに至つては、名分を以ては之が長たること難し、勢を兼されば、諸蕃を昵《じつ》（ちかづいて親しむ）しかたからん、慶元の頃、呂宋《るそん》（ルソン、フィリピン）、暹《しゃ》邏《む》（シャム、タイ）等の諸夷競て入貢せしは、神明の皇統を敬すると、神祖の徳沢を仰ぎ奉るは勿論なれども、其の兵威の強きこと、事実の上にあり、今実跡について之を云はんに、豊臣太閤征韓の役、無名の師とはいへども、日本の武威、一時万国に振へり、次て神祖天下を削平ましまして、其の神武の兵に敵し難きは、万国量り知らざるなし、是れ諸蕃の服する所以也、御治世に至っても、島津氏は一手を以て琉球を切取り、南龍公は明朝を恢復せれと仰せられ、有馬氏は蛮船を焼討し、匹夫にても、山田濱田は、暹邏、和国（和蘭なるべし）に威を振ふの類、是れ其時我朝兵強く、食足り、其力外国に兵を出すに足るを知るべし、是れ外国の慴伏（「しょうふく」と読め、意味は「恐れて屈服する」こと）する所以なり、其後国勢当初に替ることなけれども、太平久しくしては、事多端にして、財用の施し多く、外国無礼ありとも、兵を発し罪を問ふこと難くして、容易ならず、北虜跋扈する謂はれならずや、然れば、我兵を足し、食を足し、外国に兵を出すに足らしめは、彼国伏に暇あらず、何ぞ沿海を伺ふに至らん、殊に今や華夷の弁も失すとき、我兵食をして余りあらしめば、六大洲を懐柔して、万国の帝王たるも為し難きにあらじ、之に因て予窃に請く、民産を制し、国用を足し、恩威兼用し、万国を動かし、六大洲をして遍く我を仰がしめん、之を上策として、沿海の守御を慎み、屯田して財用を費す、虜兵を以て来らば、駆除し、好を以て来らば、辞礼を好くして礼遇し、彼をして口に藉ること無らしめんか、為の如きは、猶ほ憂をゆるくし無事なるべし、之を中策とす。其の余の策はいかがありなんや、予知らざる也。

やや長い文章であり、和文とは言っても分かりづらいものがあるが、ざっと海防論としては、「防備」と「交易」が中心でなければならないとしていることは理解できる。かなり歴史的な記述が見られるものの、一方的な内容にもなっている。しかし、中国との比較などすることで、我が国は皇統にあるとする点は、勤王家のような発言（皇統、国体など）ではないかと考えられなくもないとともに、攘夷論にも繋がってしまいそうな内容と言えなくもない。また、六大洲と広い世界に触れている点では、昭陽の知見の広さを感じるものの、そこには海防と言いながらも、他国への配慮が見られないのは、時代的な制約とも言える内容になっていると思われる（むしろ、今日的な表現からすると、富国強兵策と言えなくもない内容が読み取れる）。この点は、読む者に対して時代の趨勢を感じさせるものがある。一概には言えないものの、時代的な制約が感じられる中で、昭陽が追究した学問との関係において多少の違和感のある文章でもある。

略年表には明確に記すことができなかったが、執筆がいつ頃なのかは明確でないものの、十九世紀初めとの関連が深いと思われる。

Ⅳ　亀井塾で学んだ人々

四・一――学問所から私塾へ

福岡藩において学問所が二校あったことは、全国的にも稀なことであったといわれる。父南冥の建議によって「甘棠館」が誕生したのは、一七八三（天明三）年六月二十四日に設立の許可が得られ、翌年の二月には開校式が挙行されている。甘棠館の前身は蜚英館《ひえいかん》で、一七六四（明和元）年に設立されている。蜚英館（南冥堂）は、昭陽からすれば祖父聴因が教授し、父南冥は甘棠館で教授し運営したのであって、昭陽もこれを引き継ぐことになった（ただ、蜚英館から一時期、甘棠館なき後、昭陽が姪浜《めいのはま》に移った際に甘古堂とも呼んだようで、これが亀井塾に繋がると思われる）。しかし、不運にも甘棠館が火災の類焼に遭い、一七九八（寛政十）年六月には廃校の命によって、甘棠館があった唐人町（現福岡市中央区唐人町）から姪浜（現福岡市西区姪浜）へと居を移すことになる。この時、昭陽は儒官を免ぜられている。その翌年には唐人町に新築がなされるものの、再び出火による類焼で、今川橋を渡ったすぐの百道林《ももち》に新築し、父南冥のための草香江《くさがえ》亭の隣地に家塾を営むことになる。こうして、学問所もなくなり、私塾としての亀井塾となっていくのである。

よく言われることであるが、二校の学問所は福岡藩にとっては問題であったのではないだろうか。一七九〇（寛政二）年に公儀として幕府は、寛政異学の禁を発して朱子学以外の学問の教授を良しとしなかったので、その煽りを受けて修猷館だけを残し、徂徠学派の甘棠館の焼失を理由に再興を認めなかったとする見解が一般的である。しかし、理由はそれだけではないと考えられる。なぜなら、いくら寛政異学の禁が出されたとしても、それはあくまで幕府の学問所でのことであって、それが地方に影響したとするのは、やや短絡的な見方でしかないのではないか。ただ、父南冥の所業への攻撃もあったと言える。一例だが、南冥の「岡県白島碑」について碑文が彫り上げられたのだが、これを藩役人である加藤一純は虞山とも号したように朱子学者であったため、碑文の磨り潰しを命じている。ここにも学問上の対立があったのではないかと推測することができる。

また、推察するわけではないが、二つの藩校の間には何らかの確執があったのではないか。というのも、二つの学問所に通った書生たちはそれぞれ武士階級（上級と下級の違いか）であるが、その対立があったとされるし、同時に甘棠館の方が門人が多数であったからだとも言われている。また、南冥の行状に対する何らかのよからぬ思いがあったとしか言えない。その間の状況を、淡窓は次のように記している（『懐旧楼筆記』）。

甘棠館は、回禄の後、長く廃せられたり。西学の儒生四員。皆免職して、平士となりて事ふ。国中の学徒、尽く東学に出つへしと、官命なり。従来東学は、竹田春庵の学風を受けて、朱学を主とす。西学は南冥先生に始まり、古学を主とす。二家の学風同しからす。其弟子たかひに相識りて、洛蜀の党をなせり。ここに於て、西学亡ひて、朱学一統せり。西学の諸生俊秀なる者、青木玄丈、香江春龍か輩、みな東学の弟子となれりとそ。

予既に福岡唐人町に至りしに、先生は彼地にあらす。紙屋伊蔵にあひ、事の由を尋ぬるに、南冥先生は姪の浜にありて、大年と同居したまへり。昭陽は姪浜後藤屋の隣りに、土蔵あるを仮りて、寓居し玉ふなり。余遂に姪浜に至り、昭陽先生に謁す。昭陽先生の寓居甘古堂と号す。先生命して、其玄関に余を留められたり。

順序としては、逆になってしまったが、甘棠館の様子を広瀬淡窓は次のように記している。

亀井の居宅極めて広し。書塾数所あり。崇文館、千秋館、潜龍舎、幽蘭舎、虚白亭、九華堂等の号あり。往時盛なりし時は、六十余の生徒有りて、諸塾に満ちし由。予か行きし時は、塾生十人にすぎず、諸塾多く空虚なりしなり。
師家の隣、即府学にして、甘棠館なり。筑には東西の学あり。東学は竹田氏之をつかさどる。西学は亀井氏之を主る。即甘棠館なり。始は南冥先生教授たり。蟄居の後、江上源蔵代つて教授となる。（略）
甘棠館は、其結構極て斎整美麗なり。予玄関迄は至りしかども、館中を周覧するには至らざりしなり。（略）甘棠一樹あり。先侯の園中より移し種る所にして、館の名くる所以なり。

さて、その後に述べている内容から昭陽の日課に関した記述があるので、これも引用しておこう。直接関係ない記述があるが、昭陽の人柄が伝わってくる点もあるので、一部重複するが再度取り上げておく（後半には父南冥のことが記されている）。

余か始て塾に入りし時は、昭陽先生礼記を講し玉へり。其後周易、尚書、孟子あり。時刻は、早朝なり。飯後は、先生学館に出勤ある故なり。三日に一度の会読あり。これは夜中なり。出席の徒十四五人位なり。月に文会三度、詩会三度なり。これは出席の徒。十人に不過。（略）南冥先生は、閑居して、医を事とし玉ひたり。士人医を兼ぬること、筑に於て其例なし。先生医家より出つる人なるを以て、特命にて免されしとそ。

昭陽が行っていた講義の一端がわかると思うが、このような方法は蜚英館から甘棠館へと受け継がれ、私塾となった亀井塾まで続いたと考えられる。

四・二——私塾の始まり

内容は横道にそれるが、ここで少しばかり私塾について述べてみたい。

広瀬淡窓が亀井父子に学び、その後、日田に戻って一八一七（文化十四）年に咸宜園を開設し、その特色ある教育を施したことは有名である。しかも、咸宜園出身者が開いた私塾が各地に点在し、その「月旦評」という成績評価表を取り入れた教育システムが受け継がれていたことも、元はと言えば、甘棠館の教育を踏襲し、改善したものであった。それほどに、学問所ないし私塾での教育が広く伝わったことは重要な出来事である。

江戸時代初期の十七世紀を見ると、早くも一六二八（寛永五）年には、京都の松永尺五《せきご》（一五九二～一六五七、名は昌三《しょうさん》、異説がある）は金沢藩前田家に仕えたが、京都に戻り講習堂を開いている。この私塾では木下順庵（一六二一～九八）、安東省庵《せいあん》（一六二二～一七〇一、柳川藩士で儒学者。中国人の儒者である朱舜水の亡命後に交流を深める）、貝原益軒（一六三〇～一七一四）らが学んでいる。

近江聖人と称された中江藤樹（一六〇八～四八）は、藤樹書院を一六三六（寛永十三）年に開設して、熊沢蕃山（一六一九～九一）や淵岡山《ふちこうざん》（一六一七～八六）を門人とした。ただ、藤樹書院が落成した一六四八（慶安元）年の八月二十五日に、藤樹は没している。私塾である藤樹書院の学則並びに学生心得にあたるのが「藤樹規」と「学舎坐右戒」である。学問と教育の両面が重要視され、藤樹書院の開設にあたって「藤樹規」が制定されている。朱子の「白鹿洞書院掲示」に似てはいるものの、独自の内容が見られると言ってよい。少しばかりまとめてみると、一つは、『大学』三綱領である明徳を明らかにし、民に親しむ、至善に止まるに加えて、五教（父子親あり、君臣義あり、夫婦別あり、長幼序あり、朋友信あり）を学ぶところの術・存養は、持敬を主人公にして進んで自己を修めることは知をきわめ、つとめて行うことにより日ごとにあたらしくすることである、としている。二つには、天命を畏れ、徳性を尊ぶことで、三つには、「博学・審問・慎思・明弁・篤行」の中の前四つによって知をきわめ、身を修めることとである。それに篤行が加わることで知行合一が成り立つことになる。四つには、言葉はまごころとまこと、行いは篤く敬《つつ》しみ、怒りをおさえて欲をふせぎ、善に移って過失を改める。五つには、自己の道義を正して、自己の欲しないところを他人に施してはならない、とするものである。これらを見る限り、儒学を中心とした内容になっているが、藤樹には学者としてばかりでなく教育者の姿があるのを垣間見る思いである。

江戸前期における人物として伊藤仁斎（一六二七～一七〇五）は、一六六二（寛文二）年に古義堂を開いている。その中で、同志会という研究会をもって、『論語』、『孟子』、『中庸』などの中国古典の研究に専念することで、直接に孔孟の学に学び、古義を明らかにする古学派の一つとされる古義学という独自の儒学思想を確立・形成するに至る。

これらが全国的に見ての代表的なものであるが、それでは九州管内ではどうであったのか。有名なところをいくつか見てみよう。

肥前神埼郡出身の向井元升《げんしょう》（一六〇九～七七）が長崎に移住し、開設した輔仁堂が九州における私塾の最初であるといわれる。一六四七（正保四）年に長崎における聖堂の祭酒（学長）として儒学を講じ、ここでも彼の下で学んでいるのが貝原益軒である。

次に、近隣のいくつかを見てみることにしたい。まずは、南冥・昭陽と関係のあった人物としての帆足万里《ほあしばんり》（一七七八～一八五二）である。二十四歳の折に、南冥六十歳の時、出会っている。彼は大分日出《ひじ》藩（現大分県速見郡日出町）の藩の家老職にあった人で、儒家であり経世家といわれる人物で、藩校致道館に学んだ。特に、三浦梅園（一七二三～八九）、広瀬淡窓とともに豊後三賢の一人と称されている。一八〇四（文化元）年には日出藩の儒学教授になり、一八四二（天保十三）年の六十五歳の時に私塾西崦精舎《せいえんせいしゃ》を開設した。ここでの教授には様々な内容があったと推察できる。というのも、彼の修めた学問は自然科学をはじめとして儒学関係、また政治・経済・国防など経世に関するもの、さらに医学にも通じたものではなかったか。例えば著書に、自然科学書である『窮理通』があり、『論語』をはじめとした四書を重視した注釈書として『四書標註』や、さらに『五経標註』などがある。また、政治・経済に関しては『東潜夫論』が有名である。医学関係では『医学啓蒙』などを著している点で、彼を医学教育者とする見解もある。さらに『入学新論』が、一七六六（明和三）年に脱稿され翌年には上梓されている点からすると、儒学関係を読むばかりでなく、オランダ語を介して医学への重要な心得を説いているのではないだろうか。ちょうど私塾西崦精舎の開設とも符合するからである。万学にも近い学問を修め説いたということなので、これらが教育されたのであろう。

つづいて、私塾について福岡県に由来のある二人の人物を取り上げてみよう。江戸時代後期の人物で、恒遠醒窓《つねとおせいそう》（一八〇三〜六一）と村上仏山（一八一〇〜七九）である。

恒遠醒窓は、十七歳で咸宜園に入門し、以後五年間在籍している。咸宜園では塾頭を務めてもいる。弟運平は昭陽に学んでいる。一八二四（文政七）年、二十一歳の時、漢学中心の私塾である恒遠塾、のちの蔵春園（自遠館《じおんかん》、遠帆楼《えんぱんろう》等々の施設がある）を開設し、漢学塾として発展していく。漢学とは言っても学派系統は古文辞学であった。入門者は、九州各地はもとより中国・四国地方から、さらには関西地方からも集まり、塾生は三千人を数えたという。教育は生活の心得としての「告諭」を基本にしており、素読をはじめ、輪読、講義、討論会や会読などを通して学ぶことの重要性が中心であり、最後には研究発表のような独見会があった。その点で、咸宜園の教育方法に倣ったものが多いとされている。醒窓自身は漢詩文に優れていたため『遠帆楼詩鈔』がある。蔵春園は一八九五（明治二十八）年まで存続している。

村上仏山は教育者で漢詩人である。『仏山堂詩鈔』がある。十五歳で筑前秋月藩の原古処の塾に入門し、その後、昭陽にも学んでいる。同時に佐賀（鍋島）藩の藩校弘道館で学んでいる草場佩川《はいせん》（一七八七〜一八六七）とも親交を重ねている。一八五三（天保六）年、二十六歳の時、水哉園《すいさいえん》（仏山塾）を開設した。塾生は全国から参集し、主に漢学それも漢文学を中心に教授した。特に、『古文真宝』、『大学』、『蒙求』、『史記』をはじめ、中国・日本国内の漢詩集、詩文の解釈や輪読で試験によって進級があった。水哉園は、一八八四（明治十七）年まで存続している。

福岡県内における私塾の代表的な二校を説明したが、福岡県では筑前・筑後を合せて一五〇校以上の私塾があったと言われる。藩校修猷館の初代祭酒（館長）の孫に当たる竹田定直の笛塾、青柳種信の柳園社、原古処の古処山堂、筑後最大の私塾は柳川の木屋徳令（石門）の修文館（堂）、他に井上知愚・昆江父子の柳園塾（久留米）などを見ることができる。

近隣の大分県では豊前・豊後を合わせて一八〇以上を数えることができる。有名なところでは、先述した帆足万里の西崦精舎や三浦梅園の梅園塾、咸宜園の第七代塾頭の村上姑南《こなん》の養翼園などがある。

長崎県では、やはり先述の向井元升の輔仁堂をはじめ、山鹿素行の孫である山鹿高道の積徳堂、シーボルトの鳴滝塾、楠本端山・碩水の鳳鳴書院などである。熊本県では一六〇以上ある中で、塾生が多かった玉木少助の思斎堂や咸宜園との交流があった深水玄門の深水塾などであろう。数えると、江戸時代中期から後期にかけての九州には約六四〇以上の私塾が開設されていたとのことで、それぞれ塾同士の交流も盛んに行われていたといわれている。つまり、それほどに教育活動が活発であったと考えられる。しかも多くの有名な門人が輩出されているのである。

四・三――亀井塾に列なる人々

ここからは、甘棠館をはじめとして亀井塾に関係のあった人物を紹介しておこう。入門者の名簿のようなものが残っていれば、どのような人々が学んだのかが分かるだろうが、そのようなものがないので、一応、有名になった人か、偶然に探索していて分かった人の幾人かを紹介するにとどめておきたい。また、亀井父子からどのような教育を受けたかは不明であるし、ただそこで学んだ事実があることは確かであって、それによって自らの学問を切り拓いた者ばかりであると言えよう。

なお、列挙するにあたり、学んだ時期ではなく、生没年から生まれの早かった人を順次取り上げていくが、特別な意図があるわけではない。もちろん、ここに掲げた人物以外にも多くの門人がいたであろうが、知り得た範囲で述べていくことにする。

細井金吾（一七五四〜九五）

詳しいことは分からない。福岡藩士で、剣術・槍術の達人であった。生没年からすると、南冥門下の人として甘棠館で学んだと思われる。名は三千代麻呂、号は涼風亭、東園。なお、青柳種信（一七六六〜一八三六）の書簡で一七九一（寛政三）年十二月三日に「判事三千代万呂」とある。注目すべきは南冥に学びながらも国学をも学んでいたので、国学者の一人とされている。南冥との関係で言えば、『金印考』がある。発見されてからの事情が述べられているが、文脈からして考えることがあったのか、最後の方で次のように述べている。

（略）右金印異朝に属したる事なれば余り可尊にはあらずと諸儒の論旨しかり、国学家には尚吏の事か、何れ大不思議の物にては御座候、如何思召候や、本居（国学の大成者本居宣長のこと――引用者注）などは別に考も可有之や。

本居宣長が出ている点からして、国学者としての一面が垣間見れる。

稲村三伯（一七五八〜一八一一）

名は箭、字は白羽、号は原昆堂、白髪書生という。因幡国鳥取藩の蘭方医で、蘭学者として日本初の蘭和辞典『ハルマ和解《わげ》』を完成させたことで有名。

町医者であった松井如水の三男として生まれ、一七七〇（明和七）年に鳥取藩の藩医である稲村三杏《さんきょう》の養子となり、藩校の尚徳館に学び、『解体新書』（一七七四年に出版）に刺激されてか、一七七六（安永五）年に南冥について医学と儒学を学ぶ。儒学より医学に専念したのか、さらに長崎で蘭方を学び、三杏の死後には藩医を継ぐ。その後も京都で医学修業に努めた。大槻玄沢（一七五七〜一八二七、一八〇五年には南冥と面会している）の『蘭学階梯』を読んで発奮し、一七九二（寛政四）年には江戸に出て、藩邸に出仕しながらも玄沢に入門（玄沢の私塾は芝蘭堂という）することで、蘭学を修業した。橋本宗吉（一七六三〜一八三六）・宇田川玄真（一七六九〜一八三四）・山村才助（一七七〇〜一八〇七）とともに「芝蘭堂の四天王」と呼ばれている。一七九六（寛政八）年には長崎の通詞であった石井垣右衛門・桂川甫周・宇田川玄真らの協力によって『ハルマ和解』を完成させ、刊行した。一八〇二（享和二）年、弟である大吉の借財問題で藩を辞した。下総海上郡などを遍歴した頃より名を改めて海上随鷗と称し、医学に専念している。一八〇六（文化三）年には京都で蘭学塾を開き、蘭学の興隆のもとをつくった。明治になり従四位が追贈されている。

青木興勝（一七六二〜一八一二）

通称は次右衛門、字は定遠または季方、号は五竜山人、危言狂夫といい、福岡藩士で、蘭学者と位置づけられる。当初は堀尾家の養子となり兵学を学ぶが、その後堀尾家を去り、青木家の養子となり、一七七八（安永七）年に青木家を継いでいる。南冥に師事し、青木家を継いだ同年、十九歳で甘棠館の指南加勢役（教官の一人）に任命されている。

南冥からは「異能之士」と称され、興勝がまとめた『南海紀聞』（東南アジアを漂流した唐泊《からどまり》の水主である孫太郎からの聞き書きで漂流談をまとめた書）の序文に、昭陽は「嗚呼定遠奇士也」と呼んでいる。それほどに優秀な人材だったのではないか。

一七九八（寛政十）年に甘棠館が廃止されたが、買物奉行として藩から命じられ長崎に赴く。そこで、オランダ通詞についてオランダ語を学び、蘭学の修業をした。藩に帰った一八〇〇（寛政十二）年には初代の蘭学教授となっている。一八〇四（文化元）年九月にロシア使節のレザノフが長崎に来航するが、この時、興勝は攘夷論とも言える対外強硬論を主張して藩に上申しているが、受け入れられなかったので、隠遁している。海防・貿易に関する彼の書は『答問十策』であるが、これは南冥の儒学の中心である「政事即学問、学問即政事」である姿勢を受け継いでいるのではないだろうか。また、昭陽の「防海微言」とも関係しているのではないかと思われる。その他の書としては『蛮人白状解』（筑前大島に潜入したポルトガル人宣教師からの口述書に興勝が註解したもの）がある。

原　古処（一七六七〜一八二七）

筑前秋月藩士の次男として誕生（筑前秋月＝現福岡県朝倉市）。通称は震平、号は古処、諱は叔燁。学問を好み、優れた資質の持ち主であったため、十六歳の時、藩校稽古館の教授である原坦斎の養子となる。十八歳で藩命により甘棠館に入門することとなる。南冥が評するに、「詩文の才能は自分以上である。息子の昭陽はあなたには敵わない」と言われるほどで、南冥門下の四天王の一人と称される。入門してわずか二年数カ月後、養父の原坦斎が病に倒れたことから帰郷せざるを得なくなった。一八〇〇（寛政十二）年、三十四歳の時に稽古館の教授となる。また、稽古館の隣地にあった屋敷で私塾を開いた。門下生が集まってくる中、一八〇五（文化五）年、秋月藩主黒田長舒《ながのぶ》（南冥の『論語語由』の序文を書いている人物）の許可を正式に得て、古処山堂（豊前行橋の村上仏山も門弟の一人として有名）を開設した（この時、加増されて十四石から百石となっている）。こうして、昇進したため参勤交代の際に藩主に同行し、江戸では多くの文人墨客との交流を果たしている。しかし、一八一一（文化八）年、藩の家老二名、宮崎織部（本書27ページ）・渡辺帯刀の罷免事件（「織部崩れ」といわれる）が起こり、織部と懇意にしていたため、連座するかのように一八一二（文化九）年には教授職を失い、御納戸頭という役職も罷免され無役となった。

その後、一八一三（文化十）年には家督を長男に譲り、隠居した（四十七歳）。隠居後は、妻のゆき、娘の猷《みち》こと原采蘋《はらさいひん》（一七九八〜一八五九）、次男瑾次郎（鳩巣）を伴い、九州各地及び中国地方を旅して回った。甘木に天城詩社という施設を開き、広瀬淡窓や頼山陽とは特に親しく交流し、文人らとの交わりを深めた。旅する中で常に持ち歩いたのが南冥の形見である「東西南北人」という印であった。

ちなみに、原采蘋は菅茶山《かんさざん》（一七四八〜一八二七、江戸期の漢詩人）や頼山陽らと交流した男装の女流詩人として閨秀《けいしゅう》（才芸に優れた女性のことで、「閨」は女性を意味する）と称される。

伊藤常足（一七七四～一八五八）

筑前鞍手（現福岡県鞍手郡鞍手町）の人。筑前国古物神社に仕える神職の家に次男として生まれる。通称は魚沖《なおき》、号は槇乃舍。国学者であるとともに、歌人であり教育者であった。二十二歳から三年間、南冥に儒学を学び、本居宣長の高弟であった青柳種信（一七六六～一八三六、福岡藩士で国学者。秋月藩稽古館に学ぶ。『筑前国続風土記拾遺』他多数の著書がある）について国学を学ぶ。三十五歳を過ぎた頃より京都周辺に遊学するとともに、伊勢神宮に参詣を果たしている。松坂の本居大平（一七五六～一八三三、宣長の養子となった国学者）の門人となって、伴信友（一七七三～一八四六、国学者）らとともに学ぶ。また、香川景樹（一七六八～一八四三、鳥取藩士の子で歌人）らの一流の文人たちと交流している。自宅で私塾を開き、国学や和歌を教え（彼の門人には女性が多かったことが特徴と言われている）、糸島市志摩にある桜井神社内にある桜井文庫の創設とともに、桜井神社神庫学館の教授を務めている。一八四一（天保十二）年に九州全域の地誌を編纂した『太宰管内志』（八十二巻）を、三十七年間の歳月をかけて完成させているが、齢六十八歳の時である。それを福岡藩主の黒田長溥《ながひろ》（一八一一～八七、十一代）に献上している。

なお、長男南華は画家、次女ゆみは文学者、孫の直江は国学者としてそれぞれに活躍している。

清水龍門（一七九四～一八五一）

この人物については、ネットなどで検索していた際に偶然発見したもので、関係あると思われる文献を探し出してみることができなかった。そこで、佐賀県の武雄市歴史資料館のホームページに「ふるさとの先人たち」ということで記載されているものを転載させてもらうことにする。

武雄の儒学者。清水家の歴史は古く、江戸時代初めの一六一〇（慶長十五）年、京都から武雄に来住、武雄領主後藤茂綱に仕えたという医家、清水玄有の流れを汲む。玄有から四代目の時、清水家は二家に分かれるが、龍門はその分家である。当初は医師を志し、大春と号した。通称は駿平、住吉村大野（現武雄市山内町大野）の出身であり、その居が黒髪山に近いことからその景勝に因み、龍門と名乗った。医学修学の中途で儒学へ転向し、筑前博多の儒者亀井南冥門下となり、さらにその子昭陽に学んだ。一八二〇（文政三）年、帰郷に際し、昭陽から「門人中、東に元凱（彦根の儒者青木元凱）、西に龍門あり」の送辞を受けた。武雄では家塾を開き子弟を教育、途中、平戸の松浦家からも招請を受けたが応じず、また、一八二二（文政五）年には領主側室の横暴に憤り、これを弾劾したため東川登永野に謹慎を余儀なくされたが、後に許され、一八三五（天保六）年から武雄の邑校身教館《しんきょうかん》（ここでは当時の武家の男子に対して八歳から二十歳までの就学の義務があり、蘭学が導入され、洋学も盛んに研究されたとのことである——引用者注）の教授に任ぜられた。一八四三（天保十四）年には、幼主鍋島茂昌《しげはる》に仕え、勤仕中の一八五二（嘉永五）年、五十七歳で卒した。

龍門が、礼儀を重んじたことは有名で、領主の召致には必ず水浴し身を清め、また、父母の喪に服することも三年に及んだと伝える。（下略）

南冥・昭陽父子に学んだ人物であることがこの記述から分かる。医学を志していたので南冥に師事したと思われるし、さらに儒学へ転向したとしても南冥・昭陽の薫陶を受けたことは間違いないであろう、彼に対する昭陽の讃辞からして優秀な人材であったと推測できる。亀井塾における多彩な人物の一人として、今後できるだけ探究していくとよいのではないか。

高場乱《おさむ》（一八三一〜九一）

医師、儒学者、教育者である。幼名は養命、通称は小刀または乱、号は仙芝・空華堂、諱は元陽。高場家代々は福岡藩の藩医で眼科医を務めており、高場正山の次女として生まれる。高場家には男子が生まれなかったこともあり、男性として育てられた。一八四一（天保十二）年、十歳で元服しており、これを藩は認めている。十六歳の時に結婚しているが、自ら離縁した。二十歳の際に、亀井暘洲（一八〇八〜七六、昭陽の次男）の亀井塾に入門する。亀井塾は身分や性別を問わない学風で、実際、多くの女性が弟子として学んでいたとのことである。亀井塾で学問（儒学が中心であろう）を学んだ後、藩の薬用人参畑の跡地に、一八七三（明治六）年、私塾の興志塾（通称人参畑塾）を開設し、医業とともに教育者として主として儒学に関する内容を教えたようである。医師としては、男装して両刀を差して乗馬した上に、両脇には若者を伴い往診した。興志塾では、一八七四（明治七）年頃、後に玄洋社の総帥となる頭山満（一八五五〜一九四四）が学んでいる。玄洋社に連なる多くの人が学んでいるし、その後も中野正剛（一八八六〜一九四三）や広田弘毅（一八七八〜一九四八）なども学んだとのことである。こうした点からも興志塾は、玄洋社の生みの親ともいわれている。一八八五（明治十八）年には、正規の医師免許を得て女性医師の第一号となっている。医師であり教育者として様々な人物を育てながらも自由民権運動などの政治的なうねりの中で、一八九一（明治二十四）年、五十九歳で亡くなった。

甘棠館から亀井塾へと変遷していく中で、若干の人物を取り上げていったが、多くの人材が輩出されたことを思うと、他にもまだまだ述べておかなければならない人々がいるのではないだろうか。例えば、広瀬淡窓の弟の広瀬旭荘（一八〇七～六三）も十六歳の時に亀井塾で南冥・昭陽父子に学んでおり、漢詩文の薫陶を受けたであろう。漢詩人として名を残すだけの素地を得たのではなかろうか。

多くの門人が育ったことは、藩校から私塾となっていったとしても感化するだけの魅力があったからにほかならない。特に、昭陽には多くの著作があるが、それらが講じられ、写本されることで明治まで続いた所以であろう。

引用・参照文献

引用に当たっては、その都度、示すことはしなかったことの失礼を記すとともに、ご寛恕をお願いしたい。できるだけ原典資料を参照・確認をしながら叙述したつもりである。

■原典資料関係

(1) 亀井南冥・昭陽全集刊行会編『亀井南冥・昭陽全集』全九巻、葦書房、一九七八〜八〇年
なかでも次の巻と著作を中心に参照した。
第六巻（昭陽）菅公略伝／読弁道／家学小言／傷逝録
第七巻（昭陽）烽山日記／空石日記
第八巻・下（昭陽）亀井昭陽詩文集／亀井昭陽書簡集
＊各巻にある「解説」も引用・参照したが省略させていただいた。
(2) 亀井昭陽「読弁道」（『日本思想大系 三七 徂徠学派』岩波書店、一九七二年）
(3) 田川郡教育会編『淡窓全集 上巻』同会、一九二五年
(4) 田川郡教育会編『増補 淡窓全集 中巻』思文閣、一九七一年復刻版

■引用・参照文献（一）

(1) 庄野寿人著『亀井南冥と一族の小伝――亀陽文庫のしおり』（財）亀陽文庫、一九七四年
(2) 荒木見悟著『亀井南冥・亀井昭陽』（「叢書・日本の思想家」27）明徳出版社、一九八八年
(3) 『福岡県史 通史編 福岡藩文化(上)』一九九三年
(4) 「淡窓亀井塾入門見聞録（上）」（「能古博物館だより」第一八号、一九九三年）
(5) 荒木見悟「亀井学の特色」（庄野寿人編『江河万里流る――甦る孔子と亀陽文庫』亀陽文庫・能古博物館、一九九四年）
(6) 能古博物館・河村敬一編著『儒学者亀井南冥と関係のあった人たち――広瀬淡窓・福沢諭吉・渋沢栄一』（公財）亀陽文庫・能古博物館、二〇二一年
(7) 頼 惟勤「藪孤山と亀井昭陽父子」（『日本思想大系 三七 徂徠学派』岩波書店、一九七二年）
(8) 阿部隆一「亀井南冥昭陽著作書誌」（『慶應義塾大学附属研究所斯道文庫論集』No.16、一九七九年）
(9) 田中加代「亀井昭陽の教育思想における「運命観」および「天命観」について」（『日本女子大学紀要文学部』三八巻、一九八八年）
(10) 田中加代「広瀬淡窓の教育思想の系譜――荻生徂徠・亀井南冥・昭陽の影響を中心として」（『教育学研究』第五八巻第四号、日本教育学会、一九九一年）
(11) 岩城秀夫「僧一圭と亀井昭陽」（『東洋学論集 森三樹三郎博士頌寿記念』森三樹三郎博士頌寿記念事業会編、朋友書店、一九七九年）
(12) 連 清吉「亀井昭陽の『荘子瑣説』について」（『哲学年報』九州大学大学院人文科学研究院、一九九九

四年）
⒀連　清吉「亀井昭陽の『家学小言』について」（『町田三郎教授退官記念 中国思想史論叢 下巻』中国書店、一九九五年）
⒁徳田　武「遠山荷塘と亀井昭陽」（『明治大学教養論集』通巻二二三号、一九八九年）
⒂徳田　武「広瀬旭荘の亀井昭陽塾入門」（『明治大学教養論集』通巻二四二号、一九九一年）
⒃徳田　武「亀井昭陽と頼山陽――昭陽自筆『蕿文絮談』の紹介を兼ねて」（『明治大学教養論集』通巻三〇九号、一九九八年）
⒄荒木正見「亀井昭陽・頼山陽の福岡に於ける再会――出会いの場所論（前編）」（『地域文化研究所紀要』第九号、梅光女学院大学、一九九四年）
⒅服部英雄「烽火台にみる長崎街道の軍事的側面――亀井昭陽『烽山日記』および古代烽」（『長崎街道』福岡県教育委員会、二〇〇三年）
⒆田宮昌子「亀井昭陽『楚辞玦』解題および「離騒」篇定本（附校勘）」（『宮崎公立大学人文学部紀要』第二五巻第一号、二〇一八年）
⒇野田雄史「亀井昭陽「東遊賦」訳注（一）」（『長崎外大学論叢』第二一号、長崎外国語大学、二〇一七年）
㉑野田雄史「亀井昭陽「東遊賦」訳注（二）」（『長崎外大学論叢』第二四号、長崎外国語大学、二〇一八年）

■引用・参照文献（二）

(1) 内藤燦聚著『近世大儒列伝 下巻』博文館、一八九三（明治二十六）年
(2) 高野江基太郎「亀井南冥、昭陽と、青木興勝」（『筑紫史談』第三集、一九一四年）
(3) 高野江鼎湖「南冥昭陽著書目次」（『筑紫史談』第三集、一九一四年）
(4) 高野江基太郎「筑前教育の淵源を論じて亀井学派の系統に及ぶ」（『筑紫史談』第五集、一九一五年）
(5) 高野江基太郎「南冥と昭陽の著作」（『筑紫史談』第六集、一九一五年）
(6) 咸宜園教育研究センター『九州の私塾と教育——咸宜園とその周辺』二〇一三年
(7) 溝田直己「咸宜園教育の変遷と近代」（『講座 近代日本と漢学 第2巻 漢学と漢学塾』戎光祥出版、二〇二〇年）
(8) 松本英治「福岡藩の蘭学者青木興勝の長崎遊学と対外認識」（『国立歴史民俗博物館研究報告』第一一六集、二〇〇四年）
(9) 辻本雅史著『「学び」の復権——模倣と習熟』角川書店、一九九九年
(10) 前田勉著『江戸の読書会——会読の思想史』平凡社、二〇一二年
(11) 辻本雅史著『江戸の学びと思想家たち』岩波書店、二〇二一年
(12) 五味文彦著『学校史に見る日本——足利学校・寺子屋・私塾から現代まで』みすず書房、二〇二一年

あとがき

小著の原稿が取り敢えず完了した二〇二二年八月下旬は、世界的な出来事としてロシアによるウクライナ侵攻から半年が経っていて、半年も経つのに解決の糸口が一向に見出せない状況にある。国連の核不拡散防止条約会議もロシアの反対にあい、コンセンサスを得ることができないでいる。これは一つの出来事であったとしても、世界的に大きな悪影響をさまざまな形で与えている。

このことを思うと、時代は異なるとはいえ、十九世紀後半、日本に対する諸外国の動きとやや重なるところがあるのではないか。今と昔では情報量が違うことは当然であるが、かつての日本の対応は如何なるものであったろうか。多くの意見があったであろうことは想像することができるし、幕府は各藩に対して海防の徹底を命令している。それを受けて福岡藩や隣藩の肥前藩などは対策を講じなければならなかった。

そのような際、ふと思ったのが、亀井昭陽が命じられた烽火台での勤務、さらには意見書とも言える「防海微言」であった。同時に、昭陽自身の生きざまである。

人ひとりとして同じ生き方をするわけではないが、昭陽の生き方もまた私たちに多くの示唆を与えてくれるのではないか。南冥に接し、今また長子昭陽に接してみると、いろいろのことを考えさせられた。時代が違うとは言っても、そこに何らかの生きざまを発見できないであろうか。それほど有名ではない昭陽であるが、彼自身の生涯を辿ってみると、学問に対する真摯な態度と、子弟への教育のあり方から、藩校ではなく私塾としての亀井塾が果たした役割は大きいと思われてならない。

現在、学校教育は一つの制度として確立してはいるが、当時にあって私塾としての教育活動は重要なものであり、「学び」への態度と言えるようなものが、そこに通っていた門下生の熱心な学問への意欲があったからであろう。その意欲が脈々と受け継がれていたと言えるのであって、そんな思いから江戸時代中期から明治の初めまで続いた亀井塾に思いを馳せることができる。

亀井昭陽という一人物の生きざまに触れ、少しばかり興味・関心を持っていただければ幸いである。現代社会は多くの困難を抱えているが、今に生きる視点を少しでも見出すことができればと思いながら、小著の締め括りとしたい。

小著に協力していただいた西南学院大学図書館をはじめ、刊行に際しては前著同様に花乱社の別府大悟氏に大変お世話になったことを感謝する次第である。

二〇二三年一月

河村敬一

河村敬一（かわむら・けいいち）
福岡県福岡市に生まれる
高校，大学，看護学校での教育に携わる
著書：『公民科教育研究序説』（甘棠社，1996年）
『思想の世界を旅する——東西思想史ノート』
（遊タイム出版，2002年）
『東洋思想のなぐさめ』（創言社，2008年）
『亀井南冥小伝』（花乱社，2013年）
『罪責・懺悔・反省』（一粒書房，2018年）など
共著：『貝原益軒』（西日本新聞社，1993年）
『教育のなかの宗教』（新書館，1998年）
『新道徳教育全集 第5巻』（学文社，2021年）
編著：『儒学者 亀井南冥と関係のあった人たち』
（能古博物館，2021年）

亀《かめ》井《い》昭陽《しょうよう》と亀《かめ》井《い》塾《じゅく》

❖

2023年3月10日　第1刷発行

❖

著　者　河村敬一
発行者　別府大悟
発行所　合同会社花乱社
〒810-0001 福岡市中央区天神 5-5-8-5D
電話 092(781)7550 FAX 092(781)7555
http://www.karansha.com
印刷・製本　株式会社富士印刷社
ISBN978-4-910038-71-1